孙子兵法译注

（春秋）孙武 著

刘开举 译注

北京联合出版公司
Beijing United Publishing Co.,Ltd.

图书在版编目（CIP）数据

孙子兵法译注 /（春秋）孙武著；刘开举译注．—北京：北京联合出版公司，2015.7（2023.8重印）

ISBN 978-7-5502-3959-3

Ⅰ.①孙… Ⅱ.①孙… ②刘… Ⅲ.①兵法－中国－春秋时代②《孙子兵法》－译文③《孙子兵法》－注释 Ⅳ.①E892.25

中国版本图书馆CIP数据核字（2015）第143163号

孙子兵法译注

作　　者：（春秋）孙武
译　　注：刘开举
出 品 人：赵红仕
选题策划：梁明德　邵鹏军
责任编辑：王　巍
特约编辑：苑浩泰
封面设计：格林文化
版式设计：格林文化

北京联合出版公司出版
（北京市西城区德外大街83号楼9层　100088）
三河市延风印装有限公司　新华书店经销
字数50千字　960毫米×640毫米　1/16　印张9.5
2015年9月第1版　2023年8月第3次印刷
ISBN 978-7-5502-3959-3
定价：27.00元

目录

前 言

《孙子兵法》是我国兵法之鼻祖，是最早系统阐述军事理论的著作，后世军事著作都以此为纲。《孙子兵法》一共十三篇，共有六千字左右，由春秋时期著名的军事家孙武所著。

孙武，字长卿，春秋时期齐国（今山东一带）人，后世尊称其为孙子。孙武是齐国田氏的后裔，为避齐国内乱，来到吴国，经伍子胥举荐，向吴王阖闾进呈所著兵法十三篇，深得吴王赞许，受到重用。孙武的一生充满传奇色彩，更为重要的是，他给后人留下很多珍贵的论兵、论政的篇章，其中最能体现孙武完整军事思想体系的就是《孙子兵法》。

《孙子兵法》是世界上最早的军事著作，它的问世对中国古代军事学术的发展产生了深远的影响，在我国古代汉族军事学术和战争实践中，起到过极其重要的指导作用，被誉为“兵学圣典”和“古代第一兵书”。其内容博大精深，思想精邃富赡，逻辑缜密严谨，是古代汉族军事思想精华的集中体现。《孙子兵法》作为中国古典兵学的杰出代表，有一个非常全面而完整的体系，体现了战争与政治、经济、文化等各方面的关系。

孙武的军事思想具有朴素的唯物论和辩证法观点，在中国辩证思维发展史中占有重要地位。《孙子兵法》谈兵论战，集“韬略”“诡道”之大成，探讨了与战争有关的一系列矛盾的对立和转化，如虚实、敌我、主客、众寡、强弱、攻守等。《孙子兵法》正是在研究这种种矛盾及其转化条件的基础上，提出其战争的战略和战术的。缜密的军事、哲学思想体系，深远的哲理，变化无穷的战略战术，时读时新的韵味内涵，在世界军事思想领域拥有广泛的影响，享有极高的声誉。

《孙子兵法》不仅是历代军事家用于指导战争实践的必读之书，而且也为现代人提供了许多思考问题、解决问题的方法，其中诸多军事格言如“知己知彼，百战不殆”“避实就虚”“不战而屈人之兵”等更是成为现代社会生活的智慧而广为流传。虽然在现代战争中，《孙子兵法》中有许多军事策略和作战方式已不完全适用，但其中包含的思想理论，在现代社会的政治斗争、商业竞争、外交谈判、体育竞技等诸多领域依旧可被广泛运用。《孙子兵法》在现代社会依然散发着智慧的光芒。

作为华夏文明乃至世界文明中璀璨的瑰宝，《孙子兵法》在世界军事史上也具有重要的地位，其影响亦早已跨出国门，走向世界。《孙子兵法》已被翻译成英、俄、德、日等二十多种语言文字，全世界有数千种关于《孙子兵法》的刊印本，不少国家的军校还把《孙子兵法》列为教材。

除了在军事理论方面无与伦比的价值和地位外，《孙子兵法》诞生两千五百年来能够长期流传、久盛不衰的原因，还在于其在文学艺术方面蕴含的深厚美学价值，突出表现在谋篇、运词、造句以及修辞方法的广泛运用，六千字左右的兵法处处闪耀着文学艺术的夺目光彩，读来朗朗上口，令人百读不厌。其博大精深的思想内容，严密简约的章法结构，平实质朴的语言风格，处处体现着巨大的说服力和强烈的艺术感染力。《孙子兵法》是文道结合的典范，亦是思想内容和表达形式高度统一的名著。

《孙子兵法》代表着中华民族的智慧、思想、文化，是几千年华夏文明的结晶，是中华文明的智慧根基和源泉。

《孙子兵法》一书经历了两千五百多年的流传，期间难免出现误传和遗漏。故而笔者在翻译过程中，在忠实原文的同时，也兼顾语句通顺、逻辑顺畅。

本书在原文校勘方面借鉴了上海古籍出版社出版、郭化若注译的《孙子兵法》。在此谨表示感谢。

由于本人能力与精力有限，书中难免会有纰漏之处，敬请广大读者批评指正。

刘开举

2012 年 11 月

孙子兵法

计篇第一

孙子曰:兵者[①],国之大事,死生之地,存亡之道,不可不察也[②]。

注释

①兵:本义是兵器,后引申为士兵、军队,这里指用兵打仗,战争。

②察:认真考察、深入研究。

译文

孙子说,战争是国家的大事,关系到国家存亡和人民生死,所以不能不慎重考察。

故经之以五[①],校之以计,而索其情[②]:一曰道[③],二曰天[④],三曰地[⑤],四曰将[⑥],五曰法[⑦]。道者,令民与上同意者也[8]，可与之死，可与之生，民弗诡也[9]。天者，阴阳、寒暑、时制也[10]。地者，高下、远近、险易、广狭、死生也[11]。将者，智、信、仁、勇、严也[12]。法者，曲制、官道、主用也[13]。凡此五者，将莫不闻[14]，知之者胜，不知者不胜。

注释

①故：因此。经：原意是指织布时纵向的线，古人织布“织以经为主，而后纬加之”，因此经线被看成比较重要的东西，这里是纲领、要领的意思。

②校之以计，而索其情：通过比较这几个方面的情况来掌握敌我双方在战争中所处的态势。校 jiào，比较。计，下文说到的这几个方面。索，探索，获得。

③道：本义是道路，这里指君主的统治方法、执政方略、政治主张。

④天：天时、自然现象。

⑤地：地形、地势。

⑥将：将领。

⑦法：制度、法令。

⑧上：这里指君王。同意：意见相同，上下一心。

⑨弗：不。诡：或作“违”，违背，反抗。

⑩阴阳：指黑夜和白天交替。阴，这里指黑夜。阳，这里指白天。时制：指春、夏、秋、冬四季的更迭。

⑪死：指死地，即进不可攻，退不可守，不利于作战的地方。生：指生地，进可攻，退可守，有利于作战的地方。

⑫智：智慧谋略。信：诚信，这里是让人信服的意思。仁：仁爱，仁慈，指对下属的照顾、体恤。勇：勇猛，英勇。严：军纪严明。

⑬曲制：指军队里面的组织架构。官道：指军队里的管理制度。主用：指军需物资、后勤支持等方面的配送、调遣和管理方法。主，人力方面的调遣和管理。用，即军需物资。

⑭闻：知道、了解。

译文

因此需要通过五个方面作为纲领，来分析研究敌我的情况，了解敌人的底细并知道自己所处的境遇。这五个方面是：一、政治统治；二、自然现象；三、地理环境；四、统军将领；五、制度法令。政治统治，就是指民众与君主的意愿能够保持一致，可以与君主同生共死，万众一心，而不会有所违抗。自然现象是指昼夜晴雨的交替、寒冷与酷暑的变换、节令气候的轮回。地理环境是指战场的高或低、距离远近、地势是否险要、地形开阔或是狭窄、利于进攻还是利于防御等情况。所谓统军将领，是指将领所具备的智慧谋略，其赏罚是否让人信服，对下属士卒是否体恤，作战是否英勇，军纪是否严明。所谓制度法令，是指军队的组织架构、管理制度、军需物资的调遣管理是否科学到位。以上五个方面，作为优秀的将领没有不知道的，知道的带兵打仗就会取得胜利，不知道的就会遭遇失败。

故校之以计，而索其情。曰：主孰有道[①]？将孰有能？天地孰得[②]？法令孰行？兵众孰强？士卒孰练[③]？赏罚孰明？吾以此知胜负矣。

注释

①主：君主，国君。孰：谁，哪一方。

②天地孰得：谁掌握了自然现象和规律。得，掌握。

③练：操练、训练。

译文

因此说需要从以下几个方面对敌我双方的情况做充分了解，从而认清彼此在战争中所处的态势。这种态势主要是指：谁的政治统治更为清明？谁的将领更有才能？谁对自然现象和地理环境更为了解？谁的法令制度得到了很好的贯彻执行？谁的兵器装备更为精良，士兵素质更为优秀？谁的士兵更加训练有素？谁更能赏罚分明？我根据这些就能够判断出谁胜谁负。

将听吾计①，用之必胜，留之；将不听吾计，用之必败，去之②。

计利以听③，乃为之势④，以佐其外。势者，因利而制权也⑤。

注释

①将 jiāng：表示假设，“如果”的意思。计：计谋、谋略。

②去：离开。

③计利以听：意思是通过合理的利益分配（激励措

施）使得众将领按照计谋行事，听从指挥。计，计算，这里有根据实际情况合理分配的意思。以，表示达到某种目的。以听，使（将领）听从指挥。

④乃为之势：军队上下团结一心形成一种气势。乃，于是，就。为，创造，形成。势，形势、气势。

⑤因利而制权也：意思是根据是否对自己有利而灵活处理。因，根据。制权，权衡，判断。

译文

如果采用我的计谋，由我统一指挥，则作战一定会取得胜利，那我就留下来；如果不采用我的计谋，不能够统一指挥，则作战一定会失败，那我就离开。

运用合理的利益分配，促使将领们服从统一指挥，于是形成万众一心的气势，作为战斗力的外在补充，对敌人造成威慑。所谓“势”，就是根据实际情况，灵活判断，合理分配利益，从而达到上下齐心的气势。

兵者①，诡道也②。故能而示之不能③，用而示之不用④，近而示之远，远而示之近。利而诱之⑤，乱而取之[6]，实而备之[7]，强而避之，怒而挠之[8]，卑而骄之[9]，佚而劳之[10]，亲而离之[11]，攻其无备，出其不意。此兵家之胜[12]，不可先传也[13]。

注释

①兵：用兵打仗。此处专论战争艺术的特征，“兵”字为特指。

②诡道：变幻莫测的活动。诡，诡诈的，不可捉摸的。道，活动，行动。

③能而示之不能：有能力却装成无能的样子给敌人看。能，具备能力。示，表现出来。

④用：用兵打仗。

⑤利而诱之：如果敌人贪图利益，就用利益诱惑敌人。利，贪图利益。诱，引诱。

⑥乱而取之：趁着敌人混乱而发起进攻。乱，混乱。取，攻取，进攻。

⑦实而备之：如果敌人实力雄厚，就要做好防御。实，实力雄厚。备，防守，防御。

⑧怒而挠之：如果敌人恼怒，就不断撩拨他，使敌人更恼怒。挠，撩拨，骚扰。

⑨卑而骄之：如果敌人谦卑谨慎，就想办法让敌人骄

傲轻敌。卑，谦卑谨慎。骄，使（敌人）骄傲。

⑩佚而劳之：如果敌人休整充分，就想办法使敌人陷入疲劳。佚，通“逸”，安逸，休整充分的意思。劳，使动用法，使（敌人）疲劳。

⑪亲而离之：如果敌人团结一心，就离间他们，破坏他们的团结。亲，团结一心。离，离间，破坏团结。

⑫此兵家之胜：这些都是带兵的人取胜的方法。兵家，领兵打仗的人。胜，这里是指取胜的方法。

⑬先：预先，事先。传：规定，制定。

译文

用兵打仗，是讲求诡诈的一项活动。因此在实力很强的时候，要表现出很弱的样子；想要发动战争，要表现出不想打仗的样子；要攻打近的地方，则假装要攻打远的地方，要攻打远的地方，则假装要攻打近的地方。如果敌人贪图利益，就用利益诱敌深入，再伺机击败他；如果敌人正好陷入混乱，就要抓住机会进攻；如果敌人实力雄厚，准备充分，就要做好防御；如果敌人攻势凶猛，就要躲避敌人的锋芒；如果敌人暴躁易怒，就撩拨骚扰他，让其自乱方寸；如果敌人谦卑谨慎，就要想办法让他骄傲狂妄；如果敌人休整良好，就要想办法使他们陷入疲劳；如果敌人团结一心，就要离间他们，破坏他们的内部团结；在敌人没有准备的时候发动进攻，在敌人意想不到的时候采取行动。这些都是领兵打仗的人用来取胜的方法，不可能事先做出规定，而要根据实际情况，灵活应变。

夫未战而庙算胜者[①]，得算多也；未战而庙算不胜者，得算少也。多算胜，少算不胜，而况无算乎！吾以此观之[②]，胜负见矣[③]。

注释

①夫：语气助词。庙算：指君臣在开战前对战争的谋划。庙，庙堂，指谋划大事的地方。算，谋划，合计。

②此：代词，指战前的谋划。

③见 xiàn：显现，表现出来。

译文

在发动战争之前，如果谋划周密，对敌我双方做出正确估计，就能取得更多的取胜条件，获胜的可能性就大；开战之前如果谋划不周，获胜的可能性就小。谋划周密取胜的可能性大，谋划不周获胜的可能性小，何况完全没有谋划的呢！我通过战前谋划的情况，就能预见胜负了。

作战篇第二

孙子曰：凡用兵之法[1]，驰车千驷[2]，革车千乘[3]，带甲十万[4]，千里馈粮[5]，则内外之费[6]，宾客之用[7]，胶漆之材[8]，车甲之奉[9]，日费千金[10]，然后十万之师举矣[11]。其用战也贵胜[12]，久则钝兵挫锐[13]，攻城则力屈[14]，久暴师则国用不足[15]。夫钝兵挫锐、屈力殚货[16]，则诸侯乘其弊而起[17]，虽有智者，不能善其后矣[18]。故兵闻拙速[19]，未睹巧之久也[20]。夫兵久而国利者[21]，未之有也。故不尽知用兵之害者[22]，则不能尽知用兵之利也。

注释

①法：法度，准则。

②驰车：跑起来轻快的车，这里指装载士兵可以轻快奔跑、冲锋陷阵的战车。驰，轻快地跑。千：概

数，形容多，下同。驷：原指并排拉车的四匹马，因此四匹马拉的车也叫驷。

③革车：重车，指运输粮草等军用物资的车。革，皮革。乘 shèng：量词，辆。

④带甲：是当时对士兵的统称。甲，士兵打仗时穿在身上起保护作用的衣服，相当于后来的盔甲。

⑤千里：指路途遥远。馈：运输，运送。

⑥内：这里指打仗的后方。外：这里指打仗的前线。费：花费，费用。

⑦宾客之用：指因为战争而花费在外交事务上的费用。宾客，这里指外国来的使节。用，用度，花费。

⑧胶漆之材：指制造和维修武器装备所要用到的材料。胶、漆，都是古时候制造和保养弓箭、盾牌等武器要用的原料。

⑨奉：花销，供给。

⑩千金：千镒，泛指很多钱。金，量词，是古时候计量货币的单位，一金相当于二十两或二十四两。

⑪然后：这样之后。然，这样。举：发动，出动。

⑫其用战也贵胜：打仗最重要的是取得胜利。其，表示议论的语气词。用战，打仗，战争。贵，重要。胜，取得胜利。

⑬久：这里指持久战争。钝兵、挫锐：两个词的意思相同，都是指士兵的锐气受挫。

⑭力屈：指力量受到损失和消耗。

⑮暴 pù：暴露在外，这里指军队在外打仗。师：军队。国用：国家的财力。

⑯殚货：指物资耗尽。殚 dān，尽、完的意思。货，货物、物资。

⑰乘：趁。弊：困乏，疲敝，指上文说的“钝兵挫锐、屈力殚货”。起：起兵。

⑱善其后：妥善处理，这里指挽回危局。

⑲闻：听闻。拙：老实本分。速：迅速，这里指速战速决。

⑳巧：标新立异，投机取巧。

㉑国利：对国家有利。

㉒尽知：详尽地知道。

译文

孙子说：所有打仗的规律都是这样的，首先要准备上千辆供兵士乘坐冲锋的战车，上千辆运载粮草物资的重车，还要从很远的地方输送粮草。那么战争前方和后方所需要的开销，外交所花费的钱财，制造、维修武器装备所需要的所有材料，制造战车盔甲所需要的费用，这些每天都要耗去大量的钱财，如此之后，大军才能出动。战争最重要的就是要取胜，大规模作战就要速战速决。如果战争旷日持久，军队就会陷入疲惫，士气就会受到挫伤。进攻敌人的城池会消耗军队的力量；军队长期在外作战，就会给国家的财政用度带来困难。如果军队士气受到挫伤，力量受到消耗，国家财政出现危机，物资匮乏，那么诸侯国就会趁机起兵，到了那个时候，即便有才能杰出的人，也难以挽回危险的局面了。因此打仗就要老老实实奉行速战速决的准则，没有看到谁能取巧且持久不败的。战争旷日持久而对国家有好处，那是从来没有的事情。所以，不能完全了解战争危害的人，也就不能完全了解战争所能带来的好处。

善用兵者，役不再籍①，粮不三载②；取用于国，因粮于敌③，故军食可足也。

注释

①役不再籍：不第二次征兵。役，兵役。再，第二次。籍，户籍，这里是登记的意思。

②粮不三载：出征时，不再三从后方运输粮食。载，运输。

③因粮于敌：指依靠敌国征集军粮。因，凭借，依靠。

译文

善于带兵打仗的人，士兵只征集一次，粮食只在出征的时候运输一次，军饷用度靠国内支持，粮草征集则在敌国进行，因此可保证粮草物资不匮乏。

国之贫于师者远输[①]，远输则百姓贫。近师者贵卖[②]，贵卖则百姓财竭[③]，财竭则急于丘役[④]。力屈、财殚，中原内虚于家[⑤]。百姓之费，十去其七[⑥]；公家之费[⑦]，破车罢马[⑧]，甲胄矢弩[⑨]，戟盾蔽橹[⑩]，丘牛大车[⑪]，十去其六。

注释

①远输：远距离运输。

②贵卖：物价昂贵。

③财竭：钱财花完，生活贫困。

④财竭则急于丘役：财政发生困难，必然要增加赋役。急，着急，这里是指急于增加赋役，解决面临的危机。丘役，指按土地征收的赋役。丘，古代划分田地、行政的单位。

⑤中原：这里指战争的后方，即国内。虚：空虚、亏空。

⑥去：消耗掉。

⑦公家：这里指朝廷、统治者。

⑧破车罢 pí 马：使车遭到破坏，使马感到疲乏。破车，使车遭到破坏。破，使动用法。罢，通“疲”，疲惫。

⑨胄：指保护头部的头盔。矢：箭。弩：发射箭用的军事器械，和弓有区别。

⑩戟：古代一种长柄兵器。盾：盾牌。蔽橹：大盾牌。

⑪丘牛大车：按土地征收的牛和车。

译文

国家之所以会因为出兵打仗而贫穷，就是因为需要远距离输送物资，远距离输送物资会增加百姓的负担而使他们变得贫困。在靠近军队的地方，日常物资的价格因为供不应求而上涨，物价上涨则会使百姓的日常花费增加，进而财物枯竭，而国家财物枯竭就要急于增收赋役。国力耗尽、财力亏空，则国内就会空虚。百姓的财产耗费十分之七；朝廷的财产，如车辆遭到损坏、马匹疲乏不堪，盔甲、弓弩、剑戟、盾牌等军需物资以及按照土地征收起来的牛与车等物资，也要损失掉十分之六。

故智将务食于敌[①]，食敌一钟[②]，当吾二十钟；萁秆一石[③]，当吾二十石。

注释

①智将：才能出众的将领。务：务求，务必。食：动词，吃。

②钟：古代计量粮食的单位。

③萁：秸秆，可做饲料。石 dàn：古代计量粮食的单位。

译文

因此才能杰出的将领一定会想办法在前线解决粮草问题。吃敌人一钟粮食，相当于从本国输送二十钟粮食；用敌人一石草料，相当于从本国输送二十石的草料。

故杀敌者，怒也[①]；取敌之利者，货也[②]。故车战，得车十乘已上[③]，赏其先得者，而更其旌旗[④]，车杂而乘之[⑤]，卒善而养之，是谓胜敌而益强[⑥]。

注释

①故杀敌者，怒也：要想士兵奋勇杀敌，就要使他们愤怒。

②取敌之利者，货也：要想士兵去缴获敌人的物资，就要给予他们一定的物质奖励。利，这里指物资。货，物品。

③已：通“以”。

④更：变换。

⑤杂：混杂。

⑥益：更加。

译文

要想士兵奋勇杀敌，就要激发他们的怒火；要想士兵踊跃夺取敌人的物资，就要给予士兵一定的物质奖励。在车战中，如果能够夺得敌人战车十辆以上，就奖赏首先夺得战车的那个人，并且把缴获的战车上敌人的旗帜换成我方的旗帜，然后和我方的战车混杂在一起乘坐。

要优待被俘虏的敌人，就像对待自己的士兵一样供养他们，使他们甘心效命。这就是所说的战胜敌人能够使自己越来越强大的道理。

故兵贵胜[①]，不贵久。

注释

①贵：最重要的。胜：快速取胜。

译文

因此，用兵打仗最重要的是速战速决，取得胜利，而不是旷日持久地交战。

故知兵之将，民之司命[①]，国家安危之主也[②]。

注释

①司：掌管。命：命运。

②主：重要人物。

译文

因此一个知道如何带兵打仗的将帅，是能主宰人民命运和国家安危的重要人物。

谋攻篇第三

孙子曰：凡用兵之法，全国为上，破国次之[①]；全军为上[②]，破军次之；全旅为上[③]，破旅次之；全卒为上[④]，破卒次之；全伍为上[⑤]，破伍次之。是故百战百胜，非善之善者也[⑥]；不战而屈人之兵，善之善者也。

注释

①破：击破，打败，消灭。次：次等，下一等。

②军：古时一万二千五百人为军。

③旅：古时五百人为旅。

④卒：古时一百人为卒。

⑤伍：古时五个人为伍。

⑥善之善者：指最好的，这里指最善于打仗的。

译文

孙子说：用兵打仗的准则是，能让敌人举国投降，并能保全敌国，这是上策，击破敌国就要差一等；能让敌人整个军都投降而保全敌人整个军是上策，击破敌人一个军就要差一等；能让敌人整个旅投降而保全敌人整个旅是上策，击破敌人一个旅就差一等；能让敌人整个卒投降而保全敌人整个卒是上策，击破敌人一个卒就差一等；能让敌人整个伍投降而保全敌人整个伍是上策，击破敌人一个伍就差一等。因此百战百胜，并不是最会用兵打仗的表现；不用打仗就能让敌人屈服，那才是最会用兵打仗的表现。

故上兵伐谋[①]，其次伐交[②]，其次伐兵，其下攻城。攻城之法为不得已。修橹轒辒、具器械[③]，三月而后成；距窨[④]，又三月而后已[⑤]。将不胜其忿[⑥]，而蚁附之[⑦]，杀士三分之一[⑧]，而城不拔者[⑨]，此攻之灾也[⑩]。故善用兵者，屈人之兵而非战也，拔人之城而非攻也，破人之国而非久也，必以全争于天下[⑪]，故兵不顿[⑫]，而利可全，此谋攻之法也。

注释

①上兵：最高明的用兵计谋。伐谋：指在谋略上战胜敌人。

②交：外交。

③修：制造。橹：大盾牌。轒辒 fényūn：古代攻城用的战车，上面蒙牛皮，可以掩护下面的人不受攻击，主要用来运送物资或掩护兵士接近敌人的城墙，但是其本身不能直接摧毁敌人的城墙。具：准备。器械：这里指攻城的工具。

④距窨 yìn：垒筑土丘。窨，即“堙”，土堆，指用泥土堆成的小山丘。古时打仗攻城时，在距离城墙一定的位置，构筑比城墙略高的土丘，这样可以向城墙上的敌人射箭，以掩护攻城的人。

⑤已：完成，结束。

⑥不胜：不能忍受的意思。忿：焦躁不安的情绪。

⑦蚁附之：士兵像蚂蚁一样爬上城墙攻城。蚁，像蚂蚁一样。附，靠近，贴附，这里指爬上城墙。之，代词，指城墙。

⑧杀士三分之一：士卒伤亡很大。士，士卒，士兵。杀，被杀。三分之一，概数，指很多。

⑨拔：攻克。

⑩攻：这里指强行攻城。灾：危害。

⑪全：这里的“全”是一个概念，指前面所说的“全国”“全军”“全旅”“全卒”“全伍”。

⑫顿：通“钝”，指士兵受到挫伤。

译文

因此最高明的用兵方法是在谋略上战胜敌人，差一等的是在外交上战胜敌人，再差一等的是通过击败敌人的军队而战胜敌人，最差的是通过攻取敌人的城池而战胜敌人。通过攻取敌人的城池取胜，是万不得已的方法。修造攻城用的各种器械，要花费三个月的时间才能完成；垒筑攻城用的土丘，又需要三个月的时间才能完成。将领因无法忍受而情绪急躁，从而命令士兵像蚂蚁一样去爬城墙，利用强攻的手段夺取敌人的城池，这样就会造成很大的伤亡，但城池却未能被攻克，这就是攻城的危害。因此善于带兵打仗的人，应做到：使敌人的军队屈服不是靠死拼硬打，夺取敌人的城池不是靠强硬攻城，消灭敌人的国家不是靠旷日持久的战争，必定用“全”的方法争胜于天下，因此军队不会（因为持久的战争）受到损失，而自己的利益又可以得到保全，这就是运用谋略战胜敌人的方法。

故用兵之法，十则围之①，五则攻之，倍则分之②，敌则能战之③，少则能逃之④，不若则能避之。故小敌之坚⑤，大敌之擒也。

注释

①十：概数，指数量上占绝对优势。

②分：分散，这里指分散敌人兵力，各个击破。

③敌：匹敌，相当。能：助词，没有实际意义。战：迎战。

④逃：奔走，撤离。

⑤小：力量弱小。坚：坚守。

译文

因此用兵打仗的法则是，如果有相当于敌人十倍的兵力，就应该主动围攻敌人；如果有相当于敌人五倍的兵力，就应该主动正面进攻敌人；如果有相当于敌人两倍的兵力，就应该设法分散敌人兵力，然后各个击破；如果兵力和敌人相当，在正面遭遇的时候就应该果断出击；如果兵力比敌人少就应该主动撤离，避免与敌人正面决战；如果力量不如敌人就应该注意躲避。如果弱小的军队一味固执地坚守，就会被实力强大的敌人擒获。

夫将者，国之辅也[①]。辅周则国必强[②]，辅隙则国必弱[③]。

注释

①辅：原指增强车轮支撑力的辅木，引申为地位重要的人。

②周：亲近、相合。

③隙：嫌隙，感情上的裂痕。

译文

带兵打仗的将领，是国家的栋梁。将领和国君之间合作亲密、融洽，国家必然会强大；将领和国君关系不和睦，国家就必定会衰弱。

故君之所以患于军者三[①]：不知军之不可以进而谓之进，不知军之不可以退而谓之退，是为縻军[②]；不知三军之事[③]，而同三军之政者[④]，则军士惑矣；不知三军之权[⑤]，而同三军之任，则军士疑矣。三军既惑且疑，则诸侯之难至矣[⑥]，是谓乱军引胜[⑦]。

注释

①君：国君。患于军：对军队有害，危害军队。

三：三种。

②是：这。縻mí：牵绊，控制，牵制。

③三军之事：军队里的具体情况。

④同三军之政：干预军队的管理。同，参与。

⑤权：权变，指需要因地制宜、因时制宜灵活处理的情况。

⑥难：发难。至：来临。

⑦乱军：使军队陷入混乱。引胜：这里指使敌人获得胜利。

译文

因此国君给军队带来危害的情况有三种：不知道军队不能前进而命令军队前进，不知道军队不可以撤退而命令军队撤退，这就叫牵绊军队；不知道军队内部的管理、赏罚等具体情况，而随便干预军队的管理，就会让将领士兵感到迷惑不解；不知道军队所处的具体情况需要因地制宜灵活处理，而随意干预指挥军队的行动，将领和士兵就会产生各种疑虑。军队自己心里充满了迷惑和怀疑，士气不稳，上下离心，那么诸侯就会趁机发难，灾祸也就来临了，这样就会使自己的军队陷入混乱，而让敌人获得胜利。

故知胜有五：知可以战与不可以战者胜，识众寡之用者胜[①]，上下同欲者胜，以虞待不虞者胜[②]，将能而君不御者胜[③]。此五者，知胜之道也。

注释

①识众寡之用：懂得根据部众的多少，而采用不同的作战策略。识，知道，懂得。众，人多，这里指大部队。寡，人少，这里指小部队。用，使用，这里指作战策略。

②虞：筹备，准备。

③能：有能力。御：驾驭，干涉，控制。

译文

因此可以看出能够取胜的条件有五个方面：可以根据不同的情况而判断出可以打或者不可以打的，能够取得胜利；能够根据军队人数的多少而采取不同的指挥策略的，能够取得胜利；上下团结一心、利益一致的，可以取得胜利；自己筹备充分，而敌人疏忽懈怠的，可以取得胜利；将领才能出众而国君又不随意干涉的，可以取得胜利。这五个方面是可以取得胜利的条件。

故曰：知彼知己，百战不殆①；不知彼而知己，一胜一负；不知彼，不知己，每战必殆。

注释

①百：概数，指多次。殆：危险。

译文

所以说：对敌人和自身的情况都了解清楚的，每次打仗都不会有失败的危险；不知道敌人的情况，但是了解自身的情况，那胜负的可能各占一半；不知道敌人的情况，也不了解自身的情况，那么每打一仗都有失败的危险。

形篇第四

孙子曰：昔之善战者[①]，先为不可胜[②]，以待敌之可胜[③]。不可胜在己[④]，可胜在敌[⑤]。故善战者，能为不可胜，不能使敌之必可胜。故曰：胜可知，而不可为[⑥]。不可胜者，守也[⑦]；可胜者，攻也[⑧]。守则不足[⑨]，攻则有余[⑩]。善守者，藏于九地之下[⑪]；善攻者，动于九天之上[⑫]。故能自保而全胜也[⑬]。

注释

①昔：以往，往昔。

②先：首先。为：有所为，有所行动。不可胜：不能取得胜利的条件，这里指自身不利于取得战争胜利的缺陷。

③待：等待。可胜：可以取得战争胜利的条件。敌之可胜：指敌人出现错误，暴露弱点，产生有利于我

方取得战争胜利的条件。

④不可胜在己：能否克服自身的缺陷取决于自己。

⑤可胜在敌：敌人是否出现错误、暴露弱点，创造便于我方取胜的条件，取决于敌人。

⑥胜可知，而不可为：取得战争胜利的条件是可以判断清楚的，但是不能凭主观愿望人为创造出来。知，预见。为，行为，作为，这里是人为创造。

⑦不可胜者，守也：自身取胜条件不具备的时候，就要做好防御。守，守卫，防御。

⑧可胜者，攻也：敌人出现错误，暴露出弱点，要抓住时机发动进攻。

⑨不足：这里指兵力有限。

⑩余：这里指兵力充足。

⑪藏于九地之下：指利用各种地形，非常好地隐藏自己。九地，指各种地形。九，概数，形容多。

⑫动于九天之上：指利用各种天时天候，将进攻的威力发挥到最大。

⑬自保：保全自己。全胜：完全彻底的胜利。既保全自己，又消灭敌人，叫全胜。

译文

孙子说：自古善于打仗的人，首先要做的是克服自身的缺陷，不给敌人可乘之机，然后等待敌人出现错误、暴露出弱点之时，再伺机进攻。能否克服自身的缺陷取决于自己，敌人是否出现错误、暴露弱点而给我方创造机会则取决于敌人。擅长打仗的人能够克服自己的缺陷，但是不会让敌人一定能出现错误、暴露弱点。所以说，胜利的条件可以根据具体情况做出判断，事先预测到，但是不能凭主观愿望人为创造出来。自身条件不足时，就要做好防御；当敌人出现错误的时候，就要抓住时机发起进攻。如果兵力不够，就要做好防御；如果兵力充分，就要做好主动进攻。善于防御的人，能够利用各种地形非常好地隐藏自己而让敌人无从察觉；善于进攻的人能够利用各种天象将自己的威力发挥到极致。所以善于打仗的人既能保全自己，又能消灭敌人，取得完全彻底的胜利。

见胜不过众人之所知①，非善之善者也；战胜而天下曰善②，非善之善者也。故举秋毫不为多力③，见日月不为明目④，闻雷霆不为聪耳⑤。古之所谓善战者，胜于易胜者也⑥。故善战者之胜也，无智名，无勇功。故其战胜不忒⑦。不忒者，其所措必胜⑧，胜已败者也[9]。故善战者，立于不败之地，而不失敌之败也[10]。是故胜兵先胜而后求战[11]，败兵先战而后求胜。善用兵者，修道而保法[12]，故能为胜败之政[13]。

注释

①见胜不过众人之所知：对取得战争的情势能够做出正确判断，但不能超过一般人的见解。见，分析，预见。见胜，对取胜条件的分析、预见，即对战争情势的判断。过，超过。

②战胜：打仗取得胜利，赢得战争。天下：指所有人。

③举：举起来，拿起来。秋毫：本义指鸟儿在秋天的时候为了御寒而生长出来的细腻而柔软的羽毛，引申为非常轻小的事物。多力：力量大。

④明目：视力敏锐的眼睛。

⑤雷霆：声音巨大的雷声。聪耳：听力灵敏的耳朵。

⑥胜于易胜者也：善于打仗的人在开战之前，已经让自己占据了绝对优势。易胜者，容易战胜敌人的条件。

⑦忒：差错。

⑧其所措必胜：善于打仗的人在开战前经过周密的谋划，让自己处于必胜的地位。其，代词，代指“善

战者”。措，措施，指战前的谋划。

⑨已败者：已经处于不利地位的敌人，指敌人在战前谋划上已经处于劣势。

⑩失：失去，错失，丢失，放过。敌之败：敌人出现错误或暴露弱点而给我方创造取胜机会。

⑪胜兵：指打胜仗的军队。兵，这里指军队。先胜：先立于不败之地，指在谋划上处于优势。

⑫修道：指整肃管理，使自己的政治统治清明。修，整肃。道，统治。保法：指保护法制不受破坏，严格按照法制统治。保，保护。法，法律制度。

⑬故能为胜败之政：能够掌握胜败的主动权。

译文

能够对战争的情势做出正确判断，对战争结果做出正确预期，但是不能超越一般人的见解，那就不是最高明的见解。打了胜仗，天下人都称赞，这并不是最善于打仗的人。能举起鸟儿秋天生长出来的轻柔的毫毛，不能说明力量大；能看见太阳和月亮，不能说明视力好；能听见巨大的雷声，不能说明听力灵敏。自古以来善于打仗的人，取胜的关键在于开战前就已经让自己立于不败之地了。因此真正善于打仗的人取得了战争的胜利，天下人却往往看不出他们出众的文韬武略。他们取得战争胜利时往往不会出现什么差错，因为他们的精密谋划已经先让自己立于不败之地，然后再去战胜相对处于弱势的敌人。因此善于打仗的人总是让自己立于不败之地，而从来不放过可以置敌人于失败的机会。所以说打胜仗的军队先在谋划上让自己有了必胜的把握，再向敌人发动战争，而打败仗的军队却总是先向敌人发动战争，然后寄希望于侥幸获得胜利。善于用兵打仗的人，整肃统治，修明政治，严守法制，从而可以掌握胜败的决定权。

兵法①：一曰度②，二曰量③，三曰数④，四曰称⑤，五曰胜⑥。地生度⑦，度生量，量生数，数生称，称生胜。

注释

①兵：这里指军事。

②度：古时测量距离的工具，相当于现在的尺。这里指国土面积的大小。

③量：古时测量粮食多少的工具，如斗、升。这里指物产的丰富度。

④数：数量。这里指人口、兵员的多少。

⑤称：即“衡”，古时测量东西轻重的工具。这里指两相比较之下实力的差异。

⑥胜：战争的胜利。

⑦生：产生，影响。

译文

军事上有五个方面：一是国土的大小，二是物产的多少，三是人口的众寡，四是敌我力量的差异，五是战争的胜利。有国土就一定有大小的区别，国土大小的区别就会产生物产多少的区别，物产多少的区别就会产生人口、兵员众寡的区别，人口、兵员众寡的区别就会产生实力强弱的区别，实力强弱的区别就会产生胜败。

故胜兵若以镒称铢[①]，败兵若以铢称镒[②]。

注释

①胜兵：占优势、能够打赢战争的军队。镒 yì：古代的重量单位，二十四两为一镒。称：对比。

铢：古代重量单位，二十四分之一两为一铢。镒称铢，意为就像将一镒与一铢放在天平两端一样力量悬殊。

②败兵：处于弱势的军队。

译文

占优势的军队在力量对比上，就像以“镒”对“铢”那样处于有利地位，占弱势的军队，就像以“铢”对“镒”那样处于不利地位。

胜者之战民也[①]，若决积水于千仞之溪者[②]，形也。

注释

①胜者：胜利的人，这里指善于打仗的人。战民：即“使民战”，这里指指挥士兵作战。战，使动用法。民，大众，这里指士兵。

②决：决开，挖开。千：概数。仞：古代长度单位，八尺为一仞。

译文

善于打仗的人指挥士兵作战，就像挖开积水，从一千仞高的地方倾泻而下那样势不可挡。在战争还未开始之前就已经积蓄了强大的力量，掌握了战争的优势。这就是所说的“形”。

势篇第五

孙子曰：凡治众如治寡[①]，分数是也[②]；斗众如斗寡[③]，形名是也[④]；三军之众[⑤]，可使必受敌而无败者[⑥]，奇正是也[⑦]；兵之所加[⑧]，如以碫投卵者[⑨]，虚实是也[⑩]。

注释

①治：统治，治理。

②分数：据曹操的批注，部曲为“分”，什伍为“数”（“部曲”“什伍”都是古代军队的编制单位）。这里指军队的编制组织。

③斗：使动用法，使……斗，这里指指挥军队作战。

④形名：据曹操注，“形”指旌旗，“名”指金鼓（“旌旗”和“金鼓”都是古时候用来指挥军队的工具，不同的颜色或不同的摇旗方式传达不同的命令，

击鼓表示进军，敲打金属乐器，比如锣等，表示撤兵等等），这里指有效地传达命令。

⑤三军：泛指军队。

⑥必：一定，必然，表示肯定。受敌：受到攻击。无败：不会遭遇失败。

⑦奇正：奇，奇兵。正，正兵。在古代的军事术语中，担任防御的军队、正面出击的军队、按常规方法作战的军队叫正兵；机动部队、侧面包抄偷袭的军队、按特殊方法作战的军队叫奇兵。这里指科学合理的兵力部署。

⑧兵之所加：指军队所发动的进攻。加，施加，采取某种行动，这里指进攻。

⑨碫：本义是磨刀石，这里指石头。

⑩虚：兵力空虚的地方。实：兵力集中的地方。

译文

孙子说：统治大部队能够做到像统治小部队一样得心应手，那是因为编制组织合理。指挥大部队作战就像指挥小部队作战一样自如，那是因为命令能够有效传达。统帅所有的军队，即使受到敌人的攻击也可以避免遭遇失败，那是因为兵力部署科学合理。部队所发起的进攻，就像用石头砸向鸟蛋一样势不可挡，那是因为能够有效避开敌人兵力集中的地方，攻击敌人实力薄弱的地方。

凡战者，以正合[①]，以奇胜。故善出奇者，无穷如天地，不竭如江河。终而复始，日月是也。死而复生，四时是也。声不过五，五声之变[②]，不可胜听也[③]。色不过五，五色之变[④]，不可胜观也。味不过五，五味之变[⑤]，不可胜尝也。战势不过奇正[⑥]，奇正之变，不可胜穷也[⑦]。奇正相生[⑧]，如环之无端，孰能穷之？

注释

①以正合：用正规军队从正面抵挡敌人。

②五声：古时候音乐有五个音阶（宫、商、角、徵、羽）。

③不可胜听也：指不能把所有的音乐都听完，形容音乐丰富多彩。胜，胜任。

④五色：红、黄、蓝、白、黑。

⑤五味：酸、甜、苦、辣、咸。

⑥战势：用兵的形式。

⑦穷：穷尽。

⑧相生：相互转化。

译文

打仗一般都是用正兵抵挡敌人，然后用奇兵制胜。因此善于用奇兵的人，作战的方法总是无穷无尽，向天地一样博大无边，像江河一样滔滔不绝，让敌人无法捉摸。退而复进，去而又来，如日月循环，如四季更迭，生生不息。音阶只有五个，但是用这五个音阶谱写的音乐却让人听不完；颜色不过五种，但是这五种颜色的变化却让人看不完；味道不过五种，但是这五种味道组成的美食却让人吃不完。用兵的形式只有奇和正两种，但是奇和正之间的变化却是无穷无尽的。奇和正相互配合，相互转换，就像一个圆环一样无始无终，有谁能够穷尽它的妙处呢？

激水之疾[①]，至于漂石者，势也[②]；鸷鸟之疾[③]，至于毁折者，节也[④]。是故善战者，其势险[⑤]，其节短。势如旷弩[⑥]，节如发机[⑦]。

注释

①激水：湍急的流水。疾：快。

②势：威势，力量。

③鸷鸟：凶猛而大的鸟，如鹰之类。

④节：节奏。

⑤险：惊险。

⑥旷 kuò 弩：张开的力量强大的弓。旷，同“彍”，张开弓弩。弩，一种力量强大的弓。

⑦发机：启动机器，准备发射箭矢。发，启动。机，机械，这里指发射箭矢的一种机器。

译文

湍急的流水快速流动，以至于能够漂起石头，靠的是磅礴的水势；大而凶猛的鸟能够捕杀小动物，靠的是迅猛的节奏。因此善于打仗的人，能够营造磅礴的气势，攻击的节奏短促。气势就像张开力量强大的弓弩，咄咄逼人；节奏就像启动机器射出的箭矢，迅捷有力。

纷纷纭纭[①]，斗乱而不可乱也[②]；浑浑沌沌[③]，形圆而不可败也[④]。

注释

①纷纷纭纭：纷乱复杂的样子。这里指战场上旌旗飘扬，人马穿梭的混乱情景。

②斗乱而不可乱也：战斗场面混乱但是要军纪严明，保持镇静，进退有序，不能慌乱。斗，战斗。

③浑浑沌沌：复杂不清楚的样子。这里指战场上自己的人和敌人互相穿插、人走马奔的混乱场面。

④形圆：形状似圆。这里指部署兵力要像一个圆那样，可以彼此照应，应付自如。

译文

战场上旌旗飘扬，人马穿梭，战斗场面混乱，但是一定要军纪严明，保持镇静，进退有序而不慌乱。敌人和自己的人互相穿插，人走马奔，混乱不堪，但是部署兵力一定要像一个圆一样，各部可以互相照应，对发生的各种情况应变自如，从而立于不败。

乱生于治[①]，怯生于勇，弱生于强。治乱，数也[②]；勇怯，势也；强弱，形也[③]。

注释

①乱：混乱，杂乱。治：严整，有序。

②数：指军队的编制组织。

③形：《形篇第三》所论述的内容，可以综合概述为通过战争前精细谋划获得的一切有利条件。

译文

有序严整的军队可能变得混乱，勇猛的军队可能变得怯懦，强大的军队可能变得弱小。军队是严整还是混乱，取决于军队的编制组织是否合理；军队勇猛还是怯懦，取决于气势是否良好；军队战斗力是强大还是弱小，取决于是否经过精细的谋划从而获得有利的条件。

故善动敌者[①]，形之[②]，敌必从之；予之[③]，敌必取之；以利动之，以卒待之[④]。

注释

①动敌：使敌人移动。

②形之：这里的“形”和《形篇第三》中讲的“形”不同，这里是指表面现象、假象。形之，即用假象蒙

骗敌人。

③予：给予。

④以卒待之：字面的意思是用士兵等待敌人，此处指埋伏军队，伏击敌人。

译文

因此擅长调动敌人的将帅，即能够用假象蒙骗敌人，使敌人上当，按照我方的意愿行动；给敌人物资，敌人必定会来夺取；用一些好处去打动敌人，诱敌深入，在合适的地方设以重兵伏击。

故善战者，求之于势，不责于人[①]，故能择人而任势[②]。任势者，其战人也[③]，如转木石[④]。木石之性[⑤]，安则静[⑥]，危则动[⑦]，方则止，圆则行。故善战人之势，如转圆石于千仞之山者，势也。

注释

①不责于人：指不苛责士兵靠盲目拼命夺得战争的胜利。

②择人：知人善任，对不同的人委以不同的责任和职

务。任势：营造锐不可当的气势。

③战人：使人战，指指挥军队打仗。

④转木石：即使木石转动。

⑤性：特性。

⑥安：安稳的地方。静：静止不动。

⑦危：不平坦、倾斜的地方。

译文

善于打仗的人，依靠的是锐不可当的气势，而不是苛责自己的士兵一味拼命去取得战争的胜利，能够知人善任，对不同的人委以不同的责任和职务，营造锐不可当的气势。指挥打仗，就像转动木头和石头。木头和石头的特性是，把它们放在安稳的地方，它们就会静止不动，把它们放在倾斜的地方，它们就会移动。如果是方形的木头和石头，它们就会停止不动，圆形的木头和石头就会滚动。因此善于打仗的人营造气势，就像在一千仞高的山顶上推下圆形的大石头，所向披靡。这就是气势。

虚实篇第六

孙子曰：凡先处战地而待敌者佚[①]，后处战地而趋战者劳[②]。故善战者，致人而不致于人[③]。

注释

①处：存在，置身。战地：战场。佚：通“逸”，轻松，舒适。

②趋：快步前进。劳：疲劳。

③致人：使人致，这里指调动敌人。致于人：被敌人调动。

译文

孙子说：凡是先到达战场，再等待敌人到来的军队，就能做好休整，掌握战争的主动权。后到战场而且匆匆忙忙应战的军队，会因为没有时间休整处于被动的地位。因此善于打仗的人，能够主动调动敌人而不是被敌人调动。

能使敌自至者①，利之也②；能使敌不得至者，害之也③。故敌佚能劳之④，饱能饥之⑤，安能动之⑥。

注释

①自至：自己到来，这里指使敌人按照我方的意图行动。

②利：名词作动词，指用利益引诱敌人。

③害之也：想方设法使敌人有所顾虑，不敢轻易出动。曹操注曰："出其所必趋，攻其所必救。"即在敌人必然经过的地方设下埋伏，或者进攻敌人不得不去救的要害，牵制敌人而使敌人不敢轻举妄动来侵犯我方。

④劳：使动用法，使敌人疲劳，这里指骚扰敌人，使其得不到休整。

⑤饥：使动用法，使敌人饥饿，这里指销毁敌人的粮草，断绝敌人的补给线路。

⑥安：安静不动，这里指坚守阵地或城池。动：使动用法，使敌人动，这里指想方设法使敌人离开自己坚守的阵地、营地或城池。

译文

要调动敌人，使他们按照自己的意图行动，就要用利益引诱；要让敌人不来侵犯自己，就要想方设法让敌人有所顾忌，不敢轻举妄动。因此敌人如果休整良好，就想办法骚扰他们，使之疲劳；敌人如果粮草充足，能够吃饱，就想办法销毁其粮草，断绝其补给，使之饥饿；敌人如果能够安稳驻扎，就想办法让敌人不得不移动奔走。

出其所不趋①，趋其所不意②。行千里而不劳者③，行于无人之地也④。攻而必取者，攻其所不守也；守而必固者，守其所不攻也。

注释

①出：出动，出兵。不趋，指来不及救援。

②趋：急行军。不意：意想不到的地方。

③千里：概数，指远距离。

④无人之地：指敌人没有防守或防守松懈的地区。

译文

向敌人来不及救援的地方进军，向敌人意想不到的地方发起攻击。要想远距离行军而不疲惫，只能是走敌人没有防守或者防守松懈的地区；发动进攻并一定得手，是因为进攻的是敌人没有防守的地方；坚守阵地使之没有闪失，是因为防守的是敌人不进攻的地方。

故善攻者，敌不知其所守[1]；善守者，敌不知其所攻。

注释

①不知其所守：不知道该如何防守。

译文

善于进攻的人，能够出其不意，在敌人意想不到的时间和地点发起进攻，让敌人不知道该如何防守；善于防守的人，能够巧妙部署，精密安排，让敌人不知道该如何发起进攻。

微乎微乎[1]，至于无形[2]，神乎神乎[3]，至于无声[4]，故能为敌之司命。

注释

①微：微妙。

②形：行迹。

③神：神奇。

④声：声响。

译文

微妙啊，微妙得让敌人察觉不到任何行迹！神奇啊，神奇得让敌人感觉不到任何声息！这样就能够牵引着敌人，掌握敌人的命运。

进而不可御者[1]，冲其虚也[2]；退而不可追者[3]，速而不可及也[4]。故我欲战，敌虽高垒深沟[5]，不得不与我战者，攻其所必救也；我不欲战，虽画地而守之[6]，敌不得与我战者，乖其所之也[7]。

注释

①进：进军，进攻。御：抵御，抵挡。

②冲：向前冲，指进攻。虚：空虚，防御松懈的地方。

③退：撤退。不可追：追不上，来不及追。

④速：迅速。及：追上。

⑤高垒深沟：指敌人构筑工事精良，防守严密。垒，堡垒。沟，壕沟。

⑥画地而守之：指没有精良的防御工事。画地，只是在地上画出图形，而没有真正的防御工事。

⑦乖：违背，背离。

译文

进攻所向披靡，敌人无法抵御，那是因为进攻了敌人防守松懈的地方；撤退时敌人无法追击，那是因为撤退迅速，敌人追赶不及。因此如果我军想开战，敌人即便构筑了精良工事，而迫不得已与我军交战，是因为我军向敌人不得不救援的要害发起了进攻；如果我军不想交战，即使阵地上没有坚固精良的工事，敌人还是不能与我军开战，是因为我军诱敌背离其进军方向。

故形人而我无形[1]，则我专而敌分[2]；我专为一，敌分为十，是以十攻其一也，则我众而敌寡；能以众击寡者，则吾之所与战者，约矣[3]。吾所与战之地不可知[4]，不可知，则敌所备者多[5]，敌所备者多，则吾所与战者，寡矣[6]。

注释

①形人：指诱使敌人暴露行踪，从而查清敌人的动向。

②专：集中。分：分散。

③约：有限，这里指兵力少。

④与战之地：作战的地方，指战场。

⑤备：防备。

⑥寡：少。

译文

能够查明敌人的动向，而隐藏自己的动向让敌人无法察觉，那么我军的兵力就可以集中起来，而敌人的兵力就分散。我军的兵力集中在一个地方，敌人的兵力分散到十个地方，那么我军就可以用十倍于敌的兵力去进攻，这样我军就有兵力上的优势，敌人的兵力就不足了。能够用优势的兵力攻击少量的敌人，那么和我军作战的敌军数量就十分有限了。我军要进攻的地点敌人无从得知，那么敌人需要防备的地方就多了。敌人需要防备的地点多，那么我军进攻时所交战的敌军数量就少。

故备前则后寡[①]，备后则前寡，备左则右寡，备右则左寡，无所不备，则无所不寡。寡者备人者也[②]，众者使人备己者也[③]。

注释

①备：防备。

②寡者：兵力不够的军队。备人：防备别人。

③使人备己者也：使敌人防备自己。

译文

因此，防备了前方，后方的兵力就会空虚；防备了后方，前方的兵力就会空虚；防备了左边，右边的兵力就会空虚；防备了右边，左边的兵力就会空虚；若所有的地方都防备，则所有地方都空虚。之所以兵力不足，就是因为不知道敌人的动向，需要处处防备；之所以兵力充足，就是因为能够洞察敌人的动向，让自己的行动不被察觉，从而使敌人不得不处处防备自己。

故知战之地，知战之日，则可千里而会战[①]。不知战之地，不知战之日，则左不能救右，右不能救左，前不能救后，后不能救前，而况远者数十里，近者数里乎？

注释

①会战：集合兵力，参与战争。会，集合。

译文

因此如果知道战场的地点，知道开战的时间，就算是要跋涉千里集合兵力，也可以和敌人作战。如果不知道战场的地点，不知道开战的时间，那就会出现这样的情况：左路的军队无法救援右路的军队，右路的军队也无法救援左路的军队，前面的军队无法救援后面的军队，后面的军队也无法救援前面的军队，更何况相距几里，甚至几十里远的那种情形呢？

以吾度之[①]，越人之兵虽多[②]，亦奚益于胜败哉[③]？

注释

①度 duó：推测，分析，判断。

②越：春秋时期的国家名，都会稽（今浙江绍兴），曾和吴国交战，战败后，国君勾践被俘，给吴国国君当马夫，后经二十余年的苦心经营，最终灭掉吴国。

③奚：何。益于胜败：对胜败有益。

译文

据我分析，吴越交战时，越国的兵力虽然多，但是那对于战争的胜败又有什么好处呢？

故曰：胜可为也[①]。敌虽众，可使无斗[②]。

注释

①为：人为创造。

②无斗：使敌人无法投入战斗。

译文

所以说，战争的胜利是可以靠人为创造的。即使敌人的兵力很强大，也可以想办法让他们分散兵力，无法投入战斗。

故策之而知得失之计[①]，作之而知动静之理[②]，形之而知死生之地，角之而知有余不足之处。

注释

①策：谋划、筹划。得失之计：指敌我双方的利害得失。

②作：有所行动，这里指骚扰、试探性的进攻。动静之理：行动的规律。

译文

所以要精心筹划，分析敌我双方的利害得失关系；试探性进攻、骚扰敌人，清楚了解敌人的行动规律；查明地形，弄清楚什么地方适合防守，什么地方适合进攻；进行深入侦察，了解敌人什么地方兵力充足，什么地方兵力薄弱。

故形兵之极[①]，至于无形；无形，则深间不能窥[②]，智者不能谋[③]。

注释

①之极：达到极限，这里指最高境界。

②深间：深入到内部的间谍。窥：窥探。

③谋：谋划，想出办法。

译文

所以用兵表现出来的常常都是假象，最高的境界是化于无形。达到无形的境界，就算有深入内部的间谍也无法窥探到军情，再足智多谋的敌人也没有办法知道虚实。

因形而错胜于众[①]，众不能知；人皆知我所以胜之形，而莫知吾所以制胜之形[②]；故其战胜不复[③]，而应形于无穷。

注释

①因形：根据不同的敌情而采取灵活多变的策略。错胜于众：将胜利呈现在众人面前。错，通“措”，

安置，摆放，呈现。

②人皆知我所以胜之形，而莫知吾所以制胜之形：我战胜敌人的那些方法，大家都知道，但是我究竟是怎样灵活运用这些方法取胜的，就没有人知道了。莫，没有人。

③战胜：打胜仗的方法。

译文

根据敌情的不同变化，采取灵活多变的作战策略，取得战争的胜利后，大家往往还不知道我究竟是怎么取得胜利的。那些常用的打败敌人的方法表面上大家都知道，但是却不知道我到底是怎样根据实际情况而灵活运用这些方法的。因此说打胜仗的方法是不固定、不重复的。实际情况往往千变万化，应对策略也应该随之变化无穷。

夫兵形像水[①]，水之形避高而趋下，兵之形避实而击虚，水因地而制流[②]，兵因敌而制胜。故兵无常势，水无常形，能因敌变化而取胜者，谓之神。

注释

①兵形：用兵打仗的形态，这里指行军打仗。

②制：规定，形成。

译文

行军打仗就像水一样，水流动的时候避开高处而向低处奔流，行军打仗的时候则要避开敌人实力强大的地方，向敌人兵力虚弱的地方进攻；水因为地形的不同而改变流动的方向，行军打仗则要根据敌情的变化而灵活变动作战策略。所以，行军打仗没有固定的方法，就像水没有固定的形态一样。能够根据敌情的变化而采取不同的策略以取得胜利，就可以称得上用兵如神了。

故五行无常胜[①]，四时无常位[②]，日有短长[③]，月有死生[④]。

注释

①五行：金、木、水、火、土五种物质，在古代的观念里，这五种物质彼此相生相克，互相制约，又

互相依存。无常胜：五行中没有哪一种物质能够稳固地处于优势地位。

②四时：指春、夏、秋、冬四季。无常位：指没有哪个季节能够常驻不变，而是不断更迭，循环往复。

③日：太阳，这里指白天。短长：指白昼时长的变化。

④死：这里指月亮缺的时候。生：这里指月亮圆的时候。

译文

因此，金木水火土五种物质，彼此制约，又互相依存，没有哪一种可以一直处于优势地位；春夏秋冬四季没有哪一个季节能够长时间存在，而是春去秋来，循环往复；白昼有长短变化，月亮也有圆缺的变更。

军争篇第七

孙子曰：凡用兵之法，将受命于君，合军聚众[①]，交和而舍[②]，莫难于军争[③]。军争之难者，以迂为直[④]，以患为利[⑤]。故迂其途[⑥]，而诱之以利，后人发[⑦]，先人至[⑧]，此知迂直之计者也。

注释

①合军聚众：发动群众参军打仗，即征兵，聚集军队。合，聚合。聚，聚集。

②交和：是指两军对峙。和，指和门，古时候军队驻扎地的大门为和门。舍：房舍，营房。名词作动词，这里指安营驻扎。

③军争：两军争胜，指开战之前夺得先机。

④迂：迂回曲折。

⑤患：隐患，祸患。利：好处。

⑥迂其途：使道路变得迂回曲折。途，道路，指行军经过的地方。

⑦后人发：在敌人后面出发。

⑧先人至：在敌人前面到达。

译文

孙子说：用兵的原则一般是这样的，主将首先听命于国君，然后发动百姓，征集兵员，组织军队，然后带领军队安营扎寨，和敌人对峙。在整个过程中最难的就是如何争取先机，掌握战争的主动权。争取先机之所以难，是因为往往表面看起来迂回曲折的弯路，其实是便捷的直路；往往表面看起来对自己充满祸患的事情，其实对自己是非常有利的。故而选择表面上看起来迂回遥远的道路，并且用一些微小的利益来诱惑敌人，扰乱敌人的行军策略，这样虽然在敌人之后出动，但是可以在敌人之前到达。这样做就是懂得了以迂为直的道理。

故军争为利①，军争为危②。举军而争利③，则不及④；委军而争利⑤，则辎重捐⑥。是故卷甲而趋⑦，日夜不处⑧，倍道兼行⑨，百里而争利，则擒三将军⑩，劲者先[11]，疲者后，其法十一而至[12]；五十里而争利，则蹶上将军[13]，其法半至；三十里而争利，则三分之二至。是故军无辎重则亡[14]，无粮食则亡[15]，无委积则亡[16]。

注释

①为利：有好的一面。

②为危：有隐忧的一面。危，这里指可能存在的隐患、不利。

③举：全部，所有，这里指军队所有的人员和辎重车辆等。

④及：赶上，这里指夺得先机。

⑤委：抛弃，丢下。

⑥捐：舍弃。

⑦卷甲：将盔甲卷起来，轻装上阵。

⑧处：停下来，这里指行军过程中安营休息。

⑨倍道兼行：加速行军，一天要走两天的路。

⑩三将军：三军的将领，这里泛指军队的将领。在古时，出兵打仗时常常设三军，如中军、上军、下军，或者中军、左军、右军。

⑪劲者：体力充沛的士卒。先：先到达。

⑫其法：这样的方法。十一：十分之一。至：到达目的地。

⑬蹶：挫折、失败。上将军：上军的将领，指先头部队的将领。

⑭是故：语气助词，没有实际意义。

⑮粮：粮食。

⑯委积：囤积，这里指储备的军用物资。

译文

争夺战争先机有好的一面，也有存在隐患的一面。如果全军带着所有辎重、粮草和装备去争夺先机，行动就会迟缓，无法按时到达目的地，抢占不到先机；如果丢弃辎重和装备去争夺先机，那辎重装备就会受到损失。因此需要将盔甲收起来，轻装上阵，急速行军，日夜兼程，一天走两天的路程。如果需要奔走一百里去抢得战争先机，那在这个过程中（如果出现突发情况）军队的将领就有可能被俘获，只有体力充沛的士卒能先到达目的地，体力不支的士卒则会掉队，结果可能只有十分之一的人马能够赶到。如果需要奔走五十里去抢得战争先机，那先头部队的将领可能就会有危险，结果只有一半的人马能够赶到目的地；如果需要奔走三十里去抢得先机，大概有三分之二的人马能够赶到。故而得知，军队没有必要的辎重装备就不能生存，没有粮食吃也无法生存，没有足够的物资储备也将无法生存。

故不知诸侯之谋者[①]，不能豫交[②]；不知山林、险阻、沮泽之形者，不能行军；不用乡导者[③]，不能得地利。

注释

①谋：意图，图谋。

②豫交：指预先制定外交方针。

③乡 xiàng 导：指本地熟悉地理环境的引路人，即现在的向导。

译文

不了解诸侯国的政治意图，就不能有针对性地制定外交方针，在外交上掌握主动权；不了解崇山茂林、高山峡谷、洼地沼泽等各种地形特性，就不能保证行军顺利；如果不借助向导，就不能有效利用有利的地理环境。

故兵以诈立[1]，以利动，以分合为变者也。

注释

①诈：诡诈，这里指用兵作战的方法奇异多变，让敌人无法捉摸。

译文

因此，用兵打仗凭借奇异多变的作战方法立足，让敌人无法捉摸，根据是否对自己有利而采取行动，根据实际情况集合或者分散军队，合理部署兵力，随机应变。

故其疾如风[1]，其徐如林[2]，侵掠如火[3]，不动如山，难知如阴[4]，动如雷震。

注释

①疾：本意是快速行走，这里指迅捷的军事行动。

②徐：舒缓有序的行动。

③侵掠：这里指发动进攻。

④难知：字面意思是让别人难以知道，这里指隐藏自己的军事情报，让别人无法窥探。

译文

因此，军队迅速行动的时候要像风一样迅捷，舒缓有序的时候要如森林一样宁静，发动进攻的时候要像熊熊大火一样势不可当，按兵不动的时候要如山岳一样岿然不动，让敌人难以窥探要像躲在乌云背后的日月星辰一样不露痕迹，行动时要像雷霆万钧一样慑人胆魄。

掠乡分众①，廓地分利②，悬权而动③。

注释

①乡：古代行政区划名。众：奴隶，农奴。

②廓：同“扩”，扩充的意思。

③悬权：称东西悬挂在秤杆上的秤砣。悬，悬挂。权，秤砣，这里指权衡。

译文

抢掠乡邑，俘虏敌众，扩充领土，并将这些进行分配。分配时要仔细权衡利害得失，然后灵活处理。

先知迂直之计者胜，此军争之法也。

译文

事先懂得以迂为直道理的会取得胜利，这就是战争中两军争胜的原则。

《军政》曰[①]："言不相闻，故为鼓金[②]；视不相见，故为旌旗[③]。"夫鼓金旌旗者，所以一人之耳目也[④]；人既专一，则勇者不得独进，怯者不得独退，此用众之法也[⑤]。故夜战多火鼓，昼战多旌旗，所以变人之耳目也[⑥]。

注释

①《军政》：古代一本兵书，现在已经失传。

②言不相闻，故为鼓金：互相听不见说话，因此敲打鼓和金来传达不同的命令。金，金属制成的能够发出较大声响的器物，如钟、锣等。

③视不相见，故为旌旗：互相看不见行动，就设置旌旗来传达不同的行动命令。旌旗，古时候打仗的时候用不同颜色的旗帜、不同的摇旗方式来指挥

联络。

④所以：用来。一：统一。

⑤用众：指挥众多人行动，这里指大部队作战。

⑥变人之耳目：让人容易听和看，从而可以准确方便地传达各种命令。

译文

《军政》这本书上讲："因为作战时相互之间听不见说话，所以就用敲打鼓和金来传达军令；因为作战时彼此之间看不见动作指挥，所以就用不同的旗帜来传达命令。"鼓、金、旗帜，是用来保证所有人看到听到统一的命令，从而保证大家的行动一致。所有人的行动一致，那么勇敢的人就不能擅自单独前进，怯懦的人也不能独自偷偷逃跑，这是指挥大部队打仗的方法。所以在夜间打仗，多用火光和鼓声，在白天打仗多用旌旗。之所以用不同的讯号，是为了适应人们在白天和黑夜不同的视听习惯，准确传达作战命令，确保部队所有士兵统一行动。

故三军可夺气[①]，将军可夺心[②]。是故朝气锐[③]，昼气惰[④]，暮气归[⑤]。故善用兵者，避其锐气，击其惰归，此治气者也[⑥]。以治待乱[⑦]，以静待哗[⑧]，此治心者也。以近待远，以佚待劳，以饱待饥，此治力者也。无邀正正之旗[⑨]，勿击堂堂之阵[⑩]，此治变者也。

注释

①气：士气。夺：改变。

②心：决心。

③朝：早晨，这里指军队刚刚出动。锐：锋利，这里指士气正盛。

④昼：中午，这里指军队已经出动较长时间。惰：懒散，松懈。

⑤暮：傍晚，这里指军队已经出动很长时间，临近收兵。归：回，这里指因为出兵时间长，士气已经衰竭。

⑥治：掌握，利用。

⑦治：治理有方，这里指军容整齐有序。

⑧哗：焦躁不安。

⑨邀：截击，拦截。正正之旗：指旗帜严整的军队。

⑩堂堂之阵：阵容盛大、气势迫人的军队。

译文

所以敌军的士气可以想办法改变，敌人将领的决心可以想办法动摇。军队刚刚出动的时候，往往是士气正盛的时候；等出动的时间稍微久了，士气就会变得松懈；时间再久一些，临近撤兵的时候，士气往往最低落，临近衰竭。因此善于用兵的人，总是会避开士气正盛的敌人，而在敌人士气低落和衰竭的时候发起进攻，这就是有效利用敌我双方士气的方法。让自己的军队阵容保持严整，情绪保持镇静，设法让敌人陷入混乱，情绪焦躁不安，这就是有效利用敌我双方将领心理的方法。让自己尽量接近阵地，让自己的军队吃饱，而设法让敌人长途跋涉，粮食匮乏，这就是有效利用敌我双方战斗力的方法。不要拦截旗帜严整的军队，这样的军队往往有所防备；不要向阵容盛大、气势迫人的军队发起攻击，这样的军队往往战斗力强大，这就是正确掌握灵活多变的方法。

故用兵之法，高陵勿向[①]，背丘勿逆[②]，佯北勿从[③]，锐卒勿攻[④]，饵兵勿食[⑤]，归师勿遏[⑥]，围师遗阙[⑦]，穷寇勿迫[⑧]，此用兵之法也。

注释

①陵：山陵。向：这里指向上仰攻。

②背：背靠。逆：这里指迎面攻击。

③佯：假装。北：败北，逃跑。从：跟从，这里指追击。

④锐：锋利。这里指敌人战斗力强大的精锐部队。

⑤饵：诱饵。

⑥遏：拦截，阻止。

⑦围师遗阙：围攻敌军，要给敌人留下逃生的出路。意思是如果不给敌人逃跑的希望，敌人就会顽强抵抗。围，围攻。师，军队。遗，遗留。阙，同“缺”，缺口。

⑧穷：走投无路。寇：敌人。迫：靠近，逼迫。

译文

所以用兵打仗的法则是：如果敌人占领了高地，就不要仰攻；如果敌人背靠高地，就不要从正面攻击；如果敌人假装战败逃走，就不要追击；如果遇见敌人实力强大的精锐部队就避免进攻；不要被敌人用作诱饵的小股军队所诱惑；如果敌人正在向自己的后方撤退，就不要拦截，因为此时的敌人归心似箭，如果拦截他们就会遇到顽强抵抗；围攻敌人，要给敌人留一条逃生的出路，否则敌人就会殊死搏斗；如果敌人陷入走投无路的境地，就不要紧紧逼迫，否则敌人会作困兽之斗。这些都是用兵打仗的法则。

九变篇第八

孙子曰：凡用兵之法，将受命于君，合军聚众。圮地无舍①，衢地交合②，绝地无留③，围地则谋④，死地则战⑤。

注释

①圮地：水网、湖沼等难以行进的地方。圮，通“涘”，水边地。舍：名词作动词，这里指宿营。

②衢地：各个诸侯国交界的地方。衢，四通八达。交合：和诸侯国交接，利用外交获得支援。

③绝地：没有饮用的水，没有喂马的草，也没有烧饭的柴的地方叫绝地。留：停留。

④围地：地方狭隘，道路迂险，很容易被困，进退两难的地方叫围地。谋：巧妙谋划。

⑤死地：非奋勇杀敌不能生存的地方叫死地。

译文

孙子说：大凡用兵的规律是这样的，军队的统帅接受国君的命令，动员民众参军，组织军队。湖沼密布的地方不能宿营；诸侯国交界的地方要结交诸侯，争取支援；在没有水草、不适宜生存的地方要迅速通过不作停留；在容易被围困的地方要巧妙谋划，以免被敌人围困；如果陷入“死地”，就要奋勇作战求得生存。

涂有所不由①，军有所不击，城有所不攻，地有所不争，君命有所不受。

注释

①涂：通“途”，这里指道路。

译文

有的道路应该选择不走，有的敌人应该不去攻击，有的城池应该不去攻打，有的地方应该不去争夺，对国君的命令应该根据实际情况有选择性地接受。

故将通于九变之利者[①]，知用兵矣；将不通于九变之利者，虽知地形[②]，不能得地之利矣[③]；治兵不知九变之术，虽知五利[④]，不能得人之用矣[⑤]。

注释

①通：知晓，懂得。九变：非常多的变化，这里指根据不同的实际情况，因地制宜，灵活多变，采取不同的作战策略。

②虽：即使。

③得地之利：得到地利，这里指充分利用有利地形。

④五利：一种解释是指“圮地无舍，衢地交合，绝地无留，围地则谋，死地则战”；另一种解释是指“涂有所不由，军有所不击，城有所不攻，地有所不争，君命有所不受”。

⑤得人之用：知人善任，充分发挥军队的战斗力。

译文

因此，将帅如果知道根据不同的实际情况因地制宜，灵活地采取不同的作战策略，那就是懂得带兵打仗的道理；将帅如果不知道根据实际情况灵活采取不同的作战策略，即使了解不同的地形特点，也不能很好地利用有利地形，将地利的优势发挥出来；带兵打仗不懂得灵活应变的方法，即使知道“五利”的道理，也不能充分发挥军队的战斗力。

是故智者之虑[①]，必杂于利害[②]。杂于利，而务可信也[③]；杂于害，而患可解也。

注释

①智者：才能出众的将帅。虑：思考问题。

②杂：掺杂，这里指思考问题周全。

③务：任务，这里指自己作战的目的。信：通“伸”，伸展、伸张、实现。

译文

所以才能出众的将帅考虑问题一定要非常周全，需要同时兼顾有利和有害两方面的条件。考虑到有利的条件，战争的目的才能实现；考虑到不利的条件，才可以解除潜在危险。

是故屈诸侯者以害[①]，役诸侯者以业[②]，趋诸侯者以利[③]。

注释

①屈：使动用法，这里指使诸侯的力量得不到施展。害：有害的事情。

②役：使动用法，这里指使诸侯被役使，奔忙不息。业：事业。

③趋：使动用法，这里指使诸侯按照自己的意图奔走行动。

译文

所以，如果要想使诸侯的力量得不到施展，就要将不利的事情加在他们身上；如果要想使诸侯奔忙不息，就要用诸侯不得不做的事情去困住他们；如果要想使诸侯按照自己的意图行动，就要用好处去引诱他们。

故用兵之法，无恃其不来[①]，恃吾有以待也；无恃其不攻，恃吾有所不可攻也。

注释

①恃：依赖，依仗。

译文

所以，用兵的法则是这样的：不能心存侥幸指望敌人不来侵犯，而是应该自己做好充分的准备，随时迎战；不要心存侥幸指望敌人不来进攻，而是应该依靠自己无法被打败的工事、力量和计谋。

故将有五危[①]：必死[②]，可杀也[③]；必生[④]，可虏也；忿速[⑤]，可侮也[⑥]；廉洁[⑦]，可辱也[⑧]；爱民，可烦也[⑨]。凡此五者，将之过也[⑩]，用兵之灾也[⑪]。覆军杀将[⑫]，必以五危，不可不察也。

注释

①危：危害，隐患。

②必死：指有勇无谋，只知道一味拼命的将帅。

③可杀：有被杀死的危险。

④必生：指贪生怕死的将帅。

⑤忿速：急躁易怒。

⑥侮：欺负，轻慢，轻视。

⑦廉洁：指清高的将领。

⑧辱：侮辱，辱骂，使感到羞耻。

⑨烦：使烦恼不堪。

⑩过：过错，缺陷。

⑪灾：灾祸，灾难，危害。

⑫覆军杀将：军队覆没，将领遭到杀害。

译文

所以，因为将帅性格上的缺陷造成的危害有五种：若有勇无谋，只知道一味拼命，这样的将帅容易被杀死；若贪生怕死，则容易被俘虏；若急躁易怒，则只要受到轻慢就会情绪失控；若自命清高，则只要受到侮辱就容易上当；若过分爱惜人民，就容易受到人民的牵累。这五种危害，都是将帅性格的缺陷造成的，会给用兵打仗带来祸患。军队覆没，将领遭到杀害，往往就是由这五种危害引起的，所以不能不充分了解、深入研究。

行军篇第九

孙子曰:凡处军[①]、相敌[②]:绝山依谷[③],视生处高[④],战隆无登[⑤],此处山之军也。绝水必远水[⑥];客绝水而来[⑦],勿迎之于水内[⑧],令半济而击之[⑨],利;欲战者[⑩],无附于水而迎客[⑪];视生处高,无迎水流[⑫],此处水上之军也。绝斥泽[⑬],惟亟去无留[⑭];若交军于斥泽之中,必依水草,而背众树[⑮],此处斥泽之军也。平陆处易[⑯],而右背高[⑰],前死后生[⑱],此处平陆之军也。凡此四军之利,黄帝之所以胜四帝也。

注释

①处军:驻扎军队。

②相敌:相互敌对,这里指和敌人作战。

③绝:通过。依:依傍,靠近。

④视生处高:驻扎在高处,眼界开阔,适合观察四周

的敌情。

⑤隆：高地。登：向上攀登，这里指仰攻敌人。

⑥远：远离。

⑦客：这里指敌人。

⑧迎：面向，这里指迎敌作战。

⑨半济：指渡过一半，即走到河中央的时候。

⑩欲战：想要和敌人决战。

⑪附：依附，靠近。

⑫迎水流：面向水流来的方向，这里指河流的下游。

⑬斥：盐碱地。泽：沼泽。

⑭亟：迅速。去：离开。

⑮众树：很多树，这里指树林。

⑯易：平坦开阔的地方。

⑰右背高：主力和后方依托高地。右，古时中原以右为尊，这里指主力或是重要的侧翼。

⑱前死后生：前低后高。即前面对着开阔之地，背靠高地。

译文

孙子说：所有军队在驻扎、和敌人对阵的时候，都要遵循以下法则：经过山地时，要尽量靠近山谷；驻扎时要选择高处，以便开视野阔、观察敌情；当敌人已经占领高地，不要去仰攻敌人，这是在山地行军时要注意的问题。渡过江河之后，应该在离水流较远的地方驻扎；敌人渡过水流而来，不要在水上迎敌，应该在敌人渡到河中间的时候再发起攻击；如果想要和敌人决战，就不要在靠近水边的地方抗击敌人(这样敌人会退回去，而无法决战)；军队应该驻扎在视野开阔的高地，不要驻扎在河流的下游，这是在有江河水流的地方行军时应该注意的问题。通过盐碱地或者沼泽的时候，唯一的办法就是赶紧离开而不要停留；如果和敌人在盐碱地或者沼泽地相遇，在驻扎的时候一定要靠近水草，背靠树林，这是在盐碱地和沼泽地行军时应该注意的问题。在平原上驻军要选择开阔的地方，而且要让重要的部队背靠高地，前面地势低，背后的地势高，这就是在平原上行军时应该注意的问题。掌握这四种在不同地形上行军的法则，有效利用地形，这是黄帝之所以能够统一周围部落的原因。

凡军好高而恶下①，贵阳而贱阴②，养生而处实③，军无百疾④，是谓必胜。丘陵堤防，必处其阳，而右背之。此兵之利，地之助也⑤。

注释

①好 hào：喜好，喜欢，偏好。恶 wù：憎恶，讨厌，不喜欢。下：低地，洼地。

②贵：以……为贵，看得起，这里有喜欢的意思。阳：山的南面、水的北面为阳，指向着太阳的地方。贱：以……为贱，看不上，这里有讨厌的意思。阴：山的北面、水的南面为阴，指背对太阳的地方。

③养生：离水草近便于放牧牲畜或者靠近道路便于输送粮草的地方。处实：驻扎在高处。

④疾：古称轻病，后泛指病。

⑤地之助：地形的帮助。

译文

军队在驻扎的时候都喜欢选择高处而憎恶低地，看好向阳的地方而厌恶背阴的地方，喜欢靠近水草交通便利的地方，便于放牧牲畜，可以保证粮草补给，这样军队就不会被各种疾病缠绕，为战争的胜利提供保障。在丘陵或者堤坝这种地方驻扎的时候，一定要选择向阳的地方，而且让主军背靠丘陵或者堤坝。这是对行军打仗有利的法则，是有利地形提供的帮助。

上雨[1]，水沫至，欲涉者[2]，待其定也[3]。

注释

①上：河流的上游。雨 yù：动词，下雨。

②涉：徒步过河。

③其：代词，指洪水。定：稳定。

译文

河流上游下雨，洪水就会到达下游，如果有军队要徒步过河，一定要等水势稳定之后。

凡地有绝涧、天井、天牢、天罗、天陷、天隙[1]，必亟去之，勿近也。吾远之，敌近之；吾迎之，敌背之。

注释

①绝涧：两边险峻，中间有流水，人无法通过的地方。

天井：天然的大井。指四面陡峭又大又深的水潭。

天牢：天然的牢狱。这里指三面险峻不可通行，容易进去不容易出来的地方。

天罗：天然的罗网。这里指草深树密，不便于行动的地方。罗，原意是捕鸟用的网。

天陷：天然的陷阱。这里指地势低洼，道路泥泞，无法行动的地方。

天隙：天然生成的又长又深的沟壑。隙，缝隙，这里指沟壑。

译文

行军的时候凡是遇到“绝涧”“天井”“天牢”“天罗”“天陷”“天隙”等地形，一定要迅速离开，不要靠近这些地方。应该让我军远离而让敌人靠近这些地方，我军面向这些地方而让敌人背靠这些地方。

军行有险阻、潢井、葭苇、山林、翳荟者[①]，必谨复索之[②]，此伏奸之所处也[③]。

注释

①险阻：险要阻塞之地。

潢井：地势低洼，沼泽水网密布地带。潢，有积水的地方。

葭苇：杂草丛生的地方。

山林：树木茂密的地方。

翳荟：草木繁盛的地方，指有天然屏障的地方。

②谨：小心，仔细。复：反复，多次。索：搜索。

③伏：埋伏，隐藏。奸：这里指敌人的侦探或伏兵。

译文

在行军的过程中，如果附近山川险阻，或者地势低洼水网密布，或者杂草丛生，或者树木茂密，或者有天然屏障便于隐藏，一定要仔细地反复搜查，因为在这些地方敌人可能设下埋伏或藏有侦探。

敌近而静者[①]，恃其险也；远而挑战者，欲人之进也；其所居易者[②]，利也。

注释

①静：冷静，不慌张。

②易：平坦开阔之地。

译文

敌人离得近但是冷静不慌张，依仗的是他们占领了险要的有利地形；敌人离得远却向我军挑战，是想引诱我军前进；敌人占领平坦开阔的地方，那是想利用有利地形和我军决战。

众树动者，来也[①]；众草多障者，疑也[②]；鸟起者，伏也[③]；兽骇者[④]，覆也[⑤]。尘高而锐者[⑥]，车来也[⑦]；卑而广者[⑧]，徒来也[⑨]；散而条达者[⑩]，樵采也；少而往来者[⑪]，营军也[⑫]。

注释

①来：敌人前来。

②疑：疑兵。

③伏：伏兵。

④骇：惊吓。

⑤覆：颠覆，覆没，这里指敌人来偷袭，意图使我军覆没。

⑥锐：锋利，这里指尘土飞起的形状成尖形。

⑦车：战车。

⑧卑：低矮。广：宽大。

⑨徒：步行。

⑩散：散乱。条达：纵横错落。

⑪往来：这里指时起时落。

⑫营：安营驻扎。

译文

许多树木摇动，那是敌人正在悄悄地接近；杂草丛中设有很多障碍，那是敌人设置的疑兵；鸟儿飞起的地方，敌人一定设有埋伏；野兽受到惊吓四散奔逃，敌人一定正准备偷袭。尘土飞扬，高而成尖形，那是敌人战车经过的地方；尘土低矮而宽广，那是敌人徒步经过的地方；尘土散乱而纵横交错，那是敌人在砍伐树木；尘土少而且时起时落，那是敌人在安营扎寨。

辞卑而益备者[①]，进也[②]；辞强而进驱者[③]，退也；轻车先出居其侧者，陈也[④]；无约而请和者[⑤]，谋也；奔走而陈兵者，期也[⑥]；半进半退者，诱也。

注释

①辞：言辞。卑：谦逊。益：加强。备：准备，防备，战备。

②进：前进，进攻。

③强：强硬。进驱，向前开进。

④陈 zhèn：通“阵”，这里指排兵布阵。

⑤约：约定。

⑥期：期待，这里指期待和我军决战。

译文

敌人派来使者，言辞谦逊却又加强防备，那是准备进攻；言辞强硬且军队显出要向前开进的样子，那是准备撤退；轻型战车先出动而且部署在侧翼，那是在排兵布阵；没有事先约定而来讲和，那是另有所图；布好阵势并让士兵在阵前奔走，那是希望和我军决战；半进半退，那是想引诱我军前进。

杖而立者[①]，饥也；汲而先饮者[②]，渴也；见利而不进者，劳也；鸟集者，虚也；夜呼者，恐也；军扰者[③]，将不重也[④]；旌旗动者，乱也；吏怒者[⑤]，倦也；粟马肉食[6]，军无悬缻[7]，不返其舍者[8]，穷寇也；谆谆翕翕[9]，徐与人言者[10]，失众也[11]；数赏者[12]，窘也[13]；数罚者，困也[14]；先暴而后畏其众者[15]，不精之至也[16]；来委谢者[17]，欲休息也。兵怒而相迎[18]，久而不合[19]，又不相去[20]，必谨察之。

注释

①杖：拐杖，这里名词作动词，指把兵器当拐杖拄着。

②汲：打水。

③扰：受到惊扰陷入骚动。

④重：稳重，持重。

⑤吏：职位低下的武官叫吏，这里泛指军官。

⑥粟马：用粟喂马。肉食：吃肉。这句意为，将粟喂马，然后杀马食肉。

⑦缻 fǒu：古时一种陶制的器皿，这里指军队煮饭用的锅。

⑧舍：军营。

⑨谆谆翕翕 xī：态度恳切地和人说话。这里指将领低声下气和部下说话。谆，说话态度恳切、诚恳。翕翕，嘴唇一张一合的样子，表示在说话。

⑩徐：慢慢。

⑪失众：失去大家的信任，即失去人心。

⑫数 shuò：多次。

⑬窘：困窘，没有办法。

⑭困：困境。

⑮暴：暴躁，严厉。畏：害怕。

⑯精：精明，聪明。至：极点。

⑰委谢：态度谦和，言辞谦逊。

⑱怒：杀气重重。相迎：向我军开来。

⑲合：会和，这里指交战、交锋。

⑳相去：离开，撤退。

译文

将兵器当拐杖一样拄着，说明敌人很饥饿；供水之人打水先自己饮用的，说明敌人很干渴；看见好处而不为所动，说明敌人很疲劳；敌人军营上空鸟雀群集，说明那是空营；夜间惊叫，说明敌人军心不稳；受到骚扰而陷入慌乱，说明敌军将领不够持重；旌旗晃动不整齐，说明敌人的军队陷入了混乱；敌将暴躁易怒，说明已经疲倦；把粮食拿来喂马，将运送粮草的牲畜杀了吃肉，军队里看不到烧饭用的陶锅，部队不返回军营，说明敌人已经陷入绝境，走投无路了；士卒们低声私语，说明敌人的将领已经失去了人心；不断奖赏部下，说明敌人将领没有办法鼓舞士气；不断处罚部下，说明敌人已经陷入了困境；先脾气暴躁严厉后来又忌惮部下的，那是最不精明的将领；派来的使者态度谦卑、言辞谦虚，说明敌人希望休息。敌人杀气重重向我军开来，但是久久不和我军交战，又不撤军，一定要慎重仔细地查清敌人的企图。

兵非贵益多也，惟无武进①，足以并力、料敌、取人而已②。夫惟无虑而易敌者③，必擒于人④。

注释

①惟：只是，只要。武进：盲目冒进。武，没有经过思考，冒失。

②并力：合并力量，这里指集中兵力。并，合并，集中。料敌：对敌情做出判断。料，预料，判断。取人：选择人，这里指知人善任。

③夫惟：语气助词，没有实际意义。易敌：以敌为易，指轻敌。

④擒于人：被敌人擒获。于，表被动。

译文

兵力并不是越多越好，只要不盲目冒进，并能够将兵力集中起来，同时能够对敌情做出准确判断，能够知人善任，就行了。那些不经过慎重考虑就采取行动且轻敌的人，必然会被敌人俘虏。

卒未亲附而罚之[①]，则不服，不服则难用也[②]。卒已亲附而罚不行[③]，则不可用也。故令之以文[④]，齐之以武[⑤]，是谓必取。令素行以教其民[⑥]，则民服；令不素行以教其民，则民不服。令素行者，与众相得也[⑦]。

注释

①亲附：亲近依附。罚：惩罚，这里指用严苛的军纪管束。

②难用：难以使用，这里指士兵不听从指挥。

③罚不行：军纪没有贯彻执行。

④文：温和，柔和。

⑤齐：整齐划一，这里指执行军纪一视同仁。

武：强硬，这里指执行军纪铁面无私，不留情面。

⑥素：平素。行：执行。民：大众，这里指士兵。

⑦相得：相处融洽，团结一心。

译文

士兵还没有亲近依附之前就严苛地执行军法惩罚他们，他们会不服，不服就难以为用。若士兵已经亲近依附但是军纪仍然不贯彻执行，将领就会失去威信，士兵就会变得骄纵，就不能为将所用。因此在士兵还未亲近依附之前，要用温和的方式命令管理他们，以得人心；士兵亲近依附之后，执行军纪要坚定不移，铁面无私，无所偏袒，这样军队就会听从指挥，统一行动，这就是所说的必胜之军。在平时管理军队的时候，军令就得到贯彻执行，士兵就会养成服从命令的习惯；在平时管理军队的时候，军令得不到贯彻执行，士兵就会养成不听从指挥的习惯。军令在平时就能够得到贯彻执行，说明将领与士兵相处融洽，上下齐心。

地形篇第十

孙子曰:地形有“通”者,有“挂”者,有“支”者,有“隘”者,有“险”者,有“远”者。我可以往[1],彼可以来,曰“通”;“通”形者,先居高阳[2],利粮道[3],以战则利。可以往,难以返,曰“挂”;“挂”形者,敌无备,出而胜之[4];敌若有备,出而不胜,难以返,不利。我出而不利,彼出而不利,曰“支”;“支”形者,敌虽利我[5],我无出也;引而去之[6],令敌半出而击之,利。“隘”形者[7],我先居之,必盈之以待敌[8];若敌先居之,盈而勿从,不盈而从之。“险”形者[9],我先居之,必居高阳以待敌;若敌先居之,引而去之,勿从也。“远”形者[10],势均[11],难以挑战,战而不利。凡此六者,地之道也[12];将之至任[13],不可不察也。

注释

①往：去。

②高阳：这里指视野开阔的高地。阳，向阳，这里指视野宽广。

③利粮道：疏通并保护好粮道。

④出：出动，指向敌人发起攻击。

⑤利：用好处引诱。

⑥引：引领。这里指率领军队。

⑦“隘”形：指道路狭隘，一次仅能供少数人通行的地形。这种地形具有“一夫当关万夫莫开”的特点。

⑧盈：充满。这里指占领狭隘的通道。

⑨“险”形：指地势险要的地形。

⑩“远”形：指敌我双方距离遥远的地形。

⑪势均：双方的条件和力量不相上下。

⑫地：地形。道：道理，法则，原则。

⑬至任：重要的职务，重大的责任。至，大，重。任，责任。

译文

孙子说：地形有“通”“挂”“支”“隘”“险”“远”等六种。凡我军可以去，敌人可以来的地方，叫“通”。

遇到“通”这种地形，应该抢先占领视野开阔的高地，疏通并保护好粮道，这样作战就会对我军有利。可以前进，但是不容易返回的地方叫“挂”。遇到“挂”这种地形，如果敌人没有防备，就应该发起攻击并战胜敌人；如果敌人有所防备，贸然发起攻击却不能战胜敌人，又难以返回，那就会陷入困境。我军主动出击不利，敌人主动出击也不利的地方叫“支”。遇到“支”这种地形，即使敌人用好处引诱我军，我军也不能出动；应该带领军队离开，等敌人的军队出动一半的时候，我军再回军攻击，这样就能占据优势。遇到道路狭隘的地方，如果我军先到达，一定要把守住隘口，等待敌人的到来；如果敌人先到达，并且已经占领了隘口，就不要去攻击，如果敌人还没有占领隘口，就可以去发动攻击。遇到地势险峻的地形，如果我军先到达，一定要占领视野开阔的高地，静候敌人的到来；如果敌人先到达，就率领军队离开，不要发起攻击。如果敌我双方距离遥远，彼此条件和力量不相上下，就不宜发起挑战，冒然向敌人发起攻击容易让自己陷入不利的局面。以上六条，是在不同地形用兵打仗的原则。将领肩负着重大责任，不能不做深入了解。

故兵有“走”者[1]，有“弛”者[2]，有“陷”者[3]，有“崩”者[4]，有“乱”者[5]，有“北”者[6]。凡此六者，非天之灾，将之过也。夫势均，以一击十，曰“走”；卒强吏弱[7]，曰“弛”；吏强卒弱，曰“陷”；大吏怒而不服[8]，遇敌怼而自战[9]，将不知其能，曰“崩”；将弱不严[10]，教道不明，吏卒无常[11]，陈兵纵横[12]，曰“乱”；将不能料敌[13]，以少合众[14]，以弱击强，兵无选锋[15]，曰“北”。凡此六者，败之道也；将之至任，不可不察也。

注释

①走：奔走，败走。

②弛：松弛，涣散。

③陷：陷落。根据下文的解释，是指军官强横，士兵怯弱，在战场上军官独自冲锋陷阵，士兵跟不上的情况。

④崩：崩塌。

⑤乱：混乱，散乱。

⑥北：败逃，败北。

⑦吏：古时候称武官为吏，这里指军队里职位较低的军官。

⑧大吏：偏将一类的军官。不服：不听从指挥。

⑨怼 duì：怨恨。自战：不等号令，擅自出战。

⑩严：威严。

⑪无常：不守规矩。

⑫陈兵：排兵布阵。纵横：横冲直撞的样子。

⑬料敌：判断敌情。

⑭合：汇合。这里指和敌人交战。

⑮选：选择。锋：刀锋，这里指精锐部队。

译文

兵败有“走”“弛”“陷”“崩”“乱”“北”六种情况。这六种情况的出现，不是天灾等客观原因，而是将帅的过错。敌我双方势均力敌，但是用自己的兵力去攻打敌人十倍于我的兵力，这种情况叫作“走”；士兵强横而军官怯弱，士兵不听军官的调遣，这种情况叫作“弛”；军官强横而士兵怯弱，在战场上军官独自冲锋陷阵，士兵无法跟上，这种情况叫作“陷”；副将一类的将官暴躁而不听从指挥，与敌对阵时擅自出战，将领又不了解他们的意图，这种情况叫作“崩”；将帅怯懦不威严，管理混乱不明晰，士兵不守规矩，排兵布阵的时候士兵横冲直撞，杂乱无章，这种情况叫作“乱”；将帅不能准确判断敌情，以较少的兵力对战众多的敌人，以战斗力弱小的部队对抗实力强大的敌人，调遣军队，不知道选用战斗力强的精锐部队做前锋，这种情况叫作“北”。以上六种情况，是必然会导致失败的。将领肩负着重大责任，不能不做深入研究。

夫地形者，兵之助也[1]。料敌制胜，计险厄远近[2]，上将之道也[3]。知此而用战者必胜[4]，不知此而用战者必败。

注释

①助：辅助，帮助。

②计：盘算，分析。

③上将之道也：这是主将的职责。上将，大将，主将。

④用战：指挥打仗。

译文

地形是用兵打仗的辅助条件。准确判断敌情，分析地形险易，计算道路远近，制定战胜敌人的作战策略，这是主将的职责。懂得这个道理带兵打仗必然能够取得胜利，不懂得这个道理带兵打仗必然会遭遇失败。

故战道必胜[①]，主曰无战[②]，必战可也；战道不胜，主曰必战，无战可也。故进不求名，退不避罪，唯人是保[③]，而利合于主，国之宝也[④]。

注释

①战道：战争的规律。

②主：国君。

③唯人是保：仅仅是保护民众的利益。人，原为“民”，唐时避李世民讳改。是，助词，没有实际意义。

④宝：这里指栋梁之材。

译文

从战争规律上分析一定可以取得胜利，即使君主下令说不开战，也可以开战；从战争规律上分析不能取得胜利，即使君主下令一定要开战，也可以不开战。进取不是为了求取功名利禄，退缩不是为了躲避罪责，一切都是为了保护民众和国君的利益，这样的将帅，是国家的栋梁。

视卒如婴儿[①]，故可与之赴深溪[②]；视卒如爱子，故可与之俱死。厚而不能使[③]，爱而不能令，乱而不能治，譬若骄子[④]，不可用也[⑤]。

注释

①视：看待，对待。

②深溪：很深的河流，这里代指危险的地方。

③厚：厚待，厚爱。使：使唤，使用，指使，这里指命令。

④譬若：好像，就如。骄子，骄纵的孩子。

⑤用：使用，这里指指挥士兵作战。

译文

将领对待士兵像对待婴儿一样仁慈，士兵就能和将领一同奔赴危险的地方；对待士兵像对待自己的爱子一样爱护有加，士兵就愿意同将领一起出生入死。厚待士兵，但是不能使唤他们，爱怜士兵但是不能命令他们，士兵违法乱纪陷入混乱却不能整治管理，这就像骄纵溺爱孩子一样，是无法指挥他们打仗的。

知吾卒之可以击[①]，而不知敌之不可击，胜之半也；知敌之可击，而不知吾卒之不可以击，胜之半也；知敌之可击，知吾卒之可以击，而不知地形之不可以战，胜之半也。故知兵者，动而不迷[②]，举而不穷[③]。故曰：知彼知己，胜乃不殆[④]；知天知地，胜乃可全[⑤]。

注释

①吾卒：我军。卒，士兵，这里指军队。

②迷：迷惑。

③举：举动，行动，举措。

④殆：危险，差错。

⑤全：保全。

译文

知道我军已经具备了进攻的条件，但是不知道敌人的情况不利于我军进攻，取得胜利的可能性只有一半；知道敌人的情况利于我军进攻，但是不知道我军还不具备进攻的条件，取得胜利的可能性只有一半；知道敌人的情况有利于我军进攻，也知道我军具备了进攻的条件，但是不知道地形不适合作战，胜利的可能性只有一半。真正善于用兵的人，行动起来没有任何迷惑，举措策略变化无穷。所以说：了解敌人，也了解自己，取得胜利就不会出现意外；善于利用天时地利，取得胜利就有了可靠保障。

九地篇第十一

孙子曰:用兵之法,有“散地”,有“轻地”,有“争地”,有“交地”,有“衢地”,有“重地”,有“圮地”,有“围地”,有“死地”。诸侯自战其地[①],为“散地”[②]。入人之地而不深者[③],为“轻地”[④]。我得则利,彼得亦利者,为“争地”。我可以往,彼可以来者,为“交地”。诸侯之地三属[⑤],先至而得天下之众者[⑥],为“衢地”;入人之地深,背城邑多者[⑦],为“重地”。山林、险阻、沮泽,凡难行之道者,为“圮地”。所由入者隘[⑧],所从归者迂[⑨],彼寡可以击吾之众者,为“围地”。疾战则存[⑩],不疾战则亡者,为“死地”。是故“散地”则无战,“轻地”则无止,“争地”则无攻,“交地”则无绝[⑪],“衢地”则合交[⑫],“重地”则掠[⑬],“圮地”则行[⑭],“围地”则谋,“死地”则战。

注释

①自战其地：在自己的领土上打仗。

②散地：在自己国境内打仗，因为接近家乡，士兵容易逃散，故称“散地”。

③入人之地：进入别国的领土。

④轻地：没有深入敌国，离本国尚近，士兵可以轻易逃回本国，叫“轻地”。

⑤三属：多国交界的地方。三，概数，形容多。

⑥得天下之众：得到天下诸侯国的支持。

⑦背：背后。

⑧所由入：由之进入的地方。隘：狭窄。

⑨所从归：由之撤退的地方。迂：迂回。

⑩疾：迅速，快速。存：生存。

⑪绝：断绝，这里指失去联络，彼此不能照应。

⑫合交：结交，结盟，指利用外交结交诸侯国。

⑬掠：劫掠，抢掠。

⑭行：通过。

译文

孙子说：根据用兵的规律，战场的地形有“散地”“轻地”“争地”“交地”“衢地”“重地”“圮地”“围地”“死地”九种。战场就在本国领土上，叫“散地”。进入别国境内但是没有深入，叫“轻地”。我军占领则对我军有利，敌军占领则对敌军有利，这样的地方叫“争地”。我军可以去，敌军也可以来的地方，叫“交地”。位于多国交界地段，先到的一方可以结交天下诸侯，获得多国支持的地方，叫“衢地”。深入敌国境内，粮草无法补给，而背靠很多城池的地方，叫“重地”。山高林深、地势险要、湖沼密布等不便于行走的地方，叫“圮地”。进入的地方狭隘，后撤的道路迂回，敌人利用少量兵力就可以对抗我军众多兵力的地方，叫“围地”。迅速勇猛作战则可以获得生存，不迅速勇猛作战就有灭亡的危险，这样的地方叫“死地”。在“散地”上不适合作战；“轻地”上不要停留；“争地”上不要忙于进攻敌人而是要先抢夺有利地形；“交地”上要注意保持联络，各部互相照应防范敌人进犯；“衢地”上要充分利用外交，结交天下诸侯得到支持；“重地”上要注重劫掠粮草，保证供给；“圮地”上要迅速通行；“围地”上要利用计谋，避免被围困；“死地”上则要迅速而勇猛地投入战斗。

所谓古之善用兵者，能使敌人前后不相及[①]，众寡不相恃[②]，贵贱不相救[③]，上下不相收[④]，卒离而不集，兵合而不齐。合于利而动[⑤]，不合于利而止。敢问："敌众整而将来[⑥]，待之若何？"曰："先夺其所爱[⑦]，则听矣[⑧]。"

注释

①及：挨着，到达，这里指相互照应。

②众：人多，这里指主力部队。寡：人少，这里指策应的小部队。恃：依靠，依托。

③贵贱：地位高贵的人和地位卑微的人，这里指将领和士兵。

④上：职位高的人，这里指军队长官。下：职位低下的人，这里指士兵。收：聚合，合拢。

⑤合：符合。

⑥众：人多，这里指兵力多。整：整齐，这里指敌人军容整齐。

⑦爱：心爱的事物，这里指对敌人十分重要的条件。

⑧听：听从，这里指敌人陷入被动，按照我军的意图行动。

译文

自古以来善于带兵打仗的人，能够使敌人前后不能相互照应，主力部队和策应的小部队不能相互依靠，将领和士兵不能相互救援，指挥官和士兵不能融洽相处，士兵离散而无法集合到一起，即使集合到一起，也是军容散乱。对我有利就采取行动，对我无利则停止行动。如果有人问："敌人众多且军容整齐，即将来侵犯，该如何应付？"善于用兵的人一定会回答说："想办法破坏敌人的要害之处，那么敌人就会按照我军的意图行动了。"

兵之情主速[①]，乘人之不及，由不虞之道[②]，攻其所不戒也[③]。

译文

①情：主旨，宗旨，精髓。主：重要的。

②不虞：意想不到。虞，思考。

③戒：戒备。

译文

用兵的精髓在于神速，在敌人来不及反应的时候攻击敌人，用敌人意想不到的方法，在敌人毫无戒备的时候发起攻击。

凡为客之道[1]：深入则专[2]，主人不克[3]；掠于饶野[4]，三军足食；谨养而勿劳[5]，并气积力[6]，运兵计谋[7]，为不可测[8]。投之无所往[9]，死且不北[10]，死焉不得[11]，士人尽力[12]。兵士甚陷则不惧[13]，无所往则固[14]，深入则拘[15]，不得已则斗。是故其兵不修而戒[16]，不求而得[17]，不约而亲[18]，不令而信[19]。禁祥去疑[20]，至死无所之[21]。吾士无余财，非恶货也[22]；无余命，非恶寿也。令发之日，士卒坐者涕沾襟[23]，卧者涕交颐[24]。投之无所往者，诸、刿之勇也[25]。

注释

①为客：这里指侵略他国，进入别国境内。

②深入：深入敌方境内。专：专一不二，指士兵不叛逃。

③主人：指被侵犯的国家。克：攻克。

④饶：富饶。野：田野。

⑤谨：谨慎，用心。养：修整保养。

⑥并：集中。

⑦运兵：调遣、布置兵力。

⑧测：推测。

⑨投：投放，这里指调派军队。无所往：无处可去。

⑩北：败逃。

⑪焉：语气助词，表示强调。得：得到，这里指取得胜利。

⑫士：职位低下的军官。人：普通士兵。

⑬甚陷：陷入非常危险的境地。

⑭固：稳固，这里指军队整齐，士气稳定。

⑮拘：拘束，约束，这里指士兵严守军纪，不散漫。

⑯不修而戒：不经过整顿而自觉严格约束自身。

⑰不求而得：不用鼓舞而斗志高昂。

⑱不约而亲：不用约束而自觉亲密团结。

⑲信：通“申”，申明，实现。

⑳祥：吉凶的征兆，这里指军队里扰乱军心的流言。

㉑无所之：不会逃往别处。

㉒恶：讨厌。

㉓涕：眼泪。襟：衣襟。

㉔颐：脸颊，腮部。

㉕诸、刿：人名，即专诸和曹刿。两人都是春秋时期出名的勇士，被看作是勇猛的典范。

译文

在敌境里带兵打仗的规律是这样的：深入敌人境内远离本土，士兵就会专心一致，从而不会被敌人打败；抢夺敌人富饶地区的物资，则军队就会粮草充足；要注意寻找机会休整部队，养精蓄锐积聚力量；巧用计谋布置兵力，让敌人无法推测。把军队派遣到没有退路的地方，即使战死士兵也不会逃跑，士兵拼死作战哪有不胜之理？在这种处境里，上下就会同心协力。士兵陷入恐惧的境地越深越不会恐惧慌乱，无路可退反而会比较稳定，不会散乱；深入敌人境地就会自觉严守军纪，不敢散漫；在迫不得已的情况下就会奋不顾身投入战斗。所以陷入危机四伏境地的军队，往往不用整顿都会严格约束自身，不用鼓舞士气就会斗志高昂，不用约束而自觉团结一心，不用严令，大家都自觉听从指挥。禁止扰乱军心的流言蜚语，消除士兵的疑虑，士兵直到战死也不会逃往他处。让我军士兵身上没有多余的钱财，这并不是不喜欢财物；让士兵看不到逃生的希望，这并不是不想长寿。作战命令发布的时候，坐着的士兵眼泪沾湿了衣襟，躺着的士兵泪流满面。

被派遣到毫无退路的地方，士兵就会像专诸、曹刿那样勇往直前。

故善用兵者，譬如“率然”；“率然”者，常山之蛇也[①]。击其首则尾至，击其尾则首至，击其中则首尾俱至。敢问：“兵可使如‘率然’乎？”曰：“可。”夫吴人与越人相恶也[②]，当其同舟而济[③]，遇风，其相救也，如左右手。是故方马埋轮[④]，未足恃也；齐勇若一[⑤]，政之道也[⑥]；刚柔皆得[⑦]，地之理也[⑧]。故善用兵者，携手若使一人[⑨]，不得已也。

注释

①常山：今北岳恒山，在山西省境内。

②相恶：相互讨厌，彼此仇恨。

③济：过河。

④方马埋轮：指用强硬的方法使士兵无法逃跑。方马，将马拴住。埋轮，将车轮埋起来。

⑤齐勇如一：让士兵团结一致共同对敌。

⑥政：统治，管理。

⑦刚柔皆得：让强者和弱者都能发挥其作用。刚，强

大的人。柔，弱小的人。

⑧地之理也：指合理利用地形等客观因素。

⑨携手：团结一致。使：这里是指挥的意思。

译文

所以善于用兵的人，就像“率然”一样。“率然”，是生活在常山的一种蛇。如果打它的头，它就会用尾巴反击，如果打它的尾巴，它就会用头反击，如果打它的腰间，它就用头和尾巴同时反击。如果问：“带兵打仗，能够像‘率然’那样吗？”答案是：“可以。”吴国人和越国人本来彼此讨厌，互相仇恨，但是如果他们同乘一条船过河，在遇到风暴的时候，他们也能够彼此救援，合作得就像人的左右手一样协调。强硬的手段是无法禁止士兵临阵脱逃的，就算是把马拴起来，把车轮埋起来也没有用。要想让士兵团结一心，奋勇作战，要靠将领高明的管理方法；要想强大的人和弱小的人都发挥力所能及的作用，需要有效利用地形等客观因素。善于用兵的人，能够让部队团结一心，就像一个人一样，这是因为营造了让大家不得不团结的情势。

将军之事[①]：静以幽[②]，正以治[③]。能愚士卒之耳目[④]，使之无知。易其事[⑤]，革其谋[⑥]，使人无识；易其居[⑦]，迂其途，使人不得虑[⑧]。帅与之期[⑨]，如登高而去其梯；帅与之深入诸侯之地，而发其机，焚舟破釜[⑩]；若驱群羊，驱而往，驱而来，莫知所之。聚三军之众，投之于险，此谓将军之事也。九地之变，屈伸之利[⑪]，人情之理，不可不察。

注释

①事：要做的事，这里指职责。

②静：镇静。幽：深邃。

③正：严正，不偏不倚。治：治理，有条理的样子。

④愚：使动用法，使……愚，可理解为蒙蔽的意思。耳目：听觉和视觉。

⑤易：改变。事：这里指军事行动。

⑥革：变革，变更。

⑦居：营地。

⑧使人不得虑：使大家无法推测出军事行动的真正意图。人，大众，这里指广大士兵。

⑨帅与之期：将帅和士兵之间的约定，这里指将帅给士兵授予军事任务。之，代词，指士兵。期，

约定。

⑩釜：古时候做饭的一种锅。

⑪屈伸之利：阵形收缩或放开时产生的效应。屈，收缩，指阵形集中。伸，伸展，指阵型放开。

译文

将军的职责是这样的：保持镇静以便做深邃的思考，管理严正以便保持军队有条不紊。能够蒙蔽士卒的视听，使他们对军事行动的策略与意图毫无所知。经常改变军事行动方案，变更作战的计划，使大家无法识破其中机关。不断改变驻防地区，迂回行军路线，使大家无法推测真正意图。将帅授予士兵军事任务，要像让他们登上高处然后撤去梯子一样，这样他们就只能前进而无法后退。将帅带领士兵深入敌国境内，要像已经发射出的箭矢一样，让他们无法回头，烧掉过河用的船，打破煮饭用的锅，不给士兵留后路；要像赶羊群一样，赶着过去，赶着过来，让士兵只知道跟着行走，而不知道到底要到哪里去。集合所有的军队，把他们调遣到充满危险的地方，让他们拼死战斗，这就是将军要行使的职责。对各种地形变化的灵活利用，阵型收缩或放开时产生的效应，对不同人的不同心理的掌握和运用，这些都是一个带兵打仗的将领不得不深入了解的问题。

凡为客之道：深则专[①]，浅则散[②]。去国越境而师者，“绝地”也；四达者，“衢地”也；入深者，“重地”也；入浅者，“轻地”也；背固前隘者[③]，“围地”也；无所往者，“死地”也。

注释

①深：指深入敌国境内，远离本土。

②浅：指进入敌国境内尚未深入，离本土较近。散：容易逃散。

③背固前隘：背后坚固，前面狭隘，指不容易撤退，也不方便前进，进退两难的地方。

译文

进入敌国境内作战的规律是这样的：深入敌国境内，远离本土，士兵就会专心不二；进入敌国境内不远，离本土尚近，士兵就容易逃散回本土。离开本国，跨越边境出兵别国，就是进入“绝地”了；四通八达，能够方便联络诸侯的地方叫“衢地”；深入敌国境内叫“重地”；进入敌国境内尚未深入叫“轻地”；背后有敌人坚固的防守不能后退，前方道路狭隘不易前进的地方，叫“围地”；无处可走，没有退路的地方叫“死地”。

是故“散地”，吾将一其志[①]；“轻地”，吾将使之属[②]；“争地”，吾将趋其后[③]；“交地”，吾将谨其守；“衢地”，吾将固其结[④]；“重地”，吾将继其食[⑤]；“圮地”，吾将进其涂[⑥]；“围地”，吾将塞其阙[⑦]；“死地”，吾将示之以不活。

注释

①一：使专一。

②属：联属，这里指让士兵能够相互看到，彼此监督，不能逃跑。

③趋其后：让落后的部队加速前进，这里指让部队急速前进。趋，急速前进。后，落后。

④固：加固。结：结交，结盟。

⑤继：继续，连续不断绝。

⑥涂：同“途”，路途。

⑦塞：堵塞。阙：通“缺”，缺口，这里指可以逃生的地方。

译文

因此，进入“散地”，就要使将士们专心一志，不开小差；进入“轻地”，就不能让部队分散，而是让他们彼此监督不能逃跑；进入“争地”，就要急速前进，抢得有利地形；进入“交地”，就要谨慎防守，避免遭到敌人偷袭；进入“衢地”，就要加强和诸侯之间的结交，巩固同盟关系，以得到支援；进入“重地”，就要注意保证粮草供应；进入“圮地”，就要赶紧通行；进入“围地”，就要堵塞可以逃生的缺口，让士兵拼死奋战；进入“死地”，就要让士兵明白如果不拼死奋战，就只有死路一条。

故兵之情[①]：围则御[②]，不得已则斗，过则从[③]。

注释

①情：心理。

②御：抵御。

③过：过分，过度。这里指过于危险的境地。

从：听从。

译文

所以，士兵的心理往往如此：如果陷入包围，士兵就会顽强抵御；如果到了迫不得已的时候，士兵就会奋勇战斗；如果陷入了十分危险的境地，士兵就会听从指挥。

是故不知诸侯之谋者，不能预交；不知山林、险阻、沮泽之形者，不能行军；不用乡导者，不能得地利。四五者[①]，不知一[②]，非霸、王之兵也[③]。夫霸、王之兵，伐大国，则其众不得聚；威加于敌，则其交不得合[④]。是故不争天下之交，不养天下之权，信己之私[⑤]，威加于敌，故其城可拔，其国可隳[⑥]。施无法之赏[⑦]，悬无政之令[⑧]，犯三军之众[⑨]，若使一人。犯之以事[⑩]，勿告以言[⑪]；犯之以利，勿告以害[⑫]。

注释

①四五者：指前面所说的要点。

②不知一：有一点不知道。

③霸：霸主，这里指称霸诸侯的强大国家。王：君王，能号令天下的人为王。这里指诸侯国所承认的领导者。

④合：会合，这里指达成结盟关系。

⑤信：通“申”，申明。私：利益，好处。

⑥国：国都，都城。隳 huī：毁灭，毁坏。

⑦无法：超越法定规范。

⑧无政：不符合常规。

⑨犯：用。

⑩事：事情，这里指军事行动。

⑪勿告以言：不要做过多说明。

⑫害：害处，伤害，这里指危险。

译文

不知道诸侯的意图，就不能有针对性地制定有效的外交政策；不懂得深草山林、高山险阻、湖泊沼泽等地形的特性，就不能顺利行军；没有向导帮助，就不能很好地利用有利地形。以上的要点，有一点不清楚，就不能算是霸、王的军队。霸、王的军队，攻打大国，能在敌人来不及集合军队的情况下发起进攻。以威力震慑敌国，则其他各国就不敢和敌国结交。因此不用争取和某一国结交，也不用培养某一国作为自己的辅助势力。申明自己的利益，用强大的力量威慑敌人，就可以得到敌人的城池，毁灭敌国的国都。施加超越法定规范的奖赏，颁布非同一般的命令，指挥全军就如指挥一个人一样得心应手。命令军队去执行军事行动，不需要做过多说明；命令他们执行军事任务，只告诉他们可能得到的奖赏，不要告诉他们可能面临的危险。

投之亡地然后存[①]，陷之死地然后生。夫众陷于害，然后能为胜败[②]。

注释

①亡地：危机四伏，没有退路的地方，和后文的“死地”意思一样。存：生存。

②能为胜败：能控制胜败，即掌握战争胜败的主动权。

译文

被派遣到危险重重，没有退路的地方，军队就会拼死奋战，这样方能生存。让军队陷入到危险的地方，然后就能掌握战争胜败的主动权。

故为兵之事[①]，在于顺详敌之意[②]，并敌一向[③]，千里杀将，此谓巧能成事者也[④]。

注释

①为兵之事：带兵打仗的意思。

②顺：顺从。详：同“佯”，假装。

③并敌一向：集中兵力朝一个目标进攻。

④巧能成事：用巧妙的方法成就大事。

译文

带兵打仗，假装顺从敌人的意图，然后集中兵力向敌人一个目标进攻，奔赴千里，杀死敌人的将领，这就是所谓的用巧妙的方法成就大事。

是故政举之日[①]，夷关折符[②]，无通其使[③]；厉于廊庙之上[④]，以诛其事[⑤]。敌人开阖[⑥]，必亟入之。先其所爱，微与之期[⑦]。践墨随敌[⑧]，以决战事[⑨]。是故始如处女[⑩]，敌人开户；后如脱兔[⑪]，敌不及拒[⑫]。

注释

①政举之日：决定要采取战争行动的时候。

②夷关：封锁关口。折符：销毁过关用的符节。符，古时候过关用的凭证，相当于现在的通行证。

③使：使节。

④厉于廊庙之上：在宫殿里认真严肃地谋划。厉，严格，认真的意思。

⑤诛：义同“治”。事：指发动战争。

⑥开阖：打开门户，指露出破绽，暴露弱点。阖，门扇。

⑦微：不要。

⑧践：践行，实践。墨：木匠画直线用的墨线、墨绳，引申为规矩、规则，这里指事先制定好的作战计划。随敌：根据敌情的变化。

⑨战事：具体的军事行动。

⑩处女：未出嫁的女子，形容安静。

⑪脱兔：脱网逃跑的兔子，形容动作迅捷。

⑫拒：抗拒。

译文

当决定了要采取军事行动的时候，就封锁关口，销毁过关通行的符节，不和敌人互通使节，以免泄露机密。在宫殿里认真严肃地谋划军事行动的事宜。敌人不小心露出破绽，一定要抓住机会，乘机而入。先抢夺敌人的战略要地，不要和敌人约定出战的日期。实施事先制定好的战略计划时要根据敌情的变化灵活改变，来决定具体的军事行动。开始的时候像处女那样安静以麻痹敌人，使敌人露出破绽，然后像脱兔一样迅速行动，让敌人来不及抵抗。

火攻篇第十二

孙子曰：凡火攻有五：一曰火人[①]，二曰火积[②]，三曰火辎[③]，四曰火库[④]，五曰火队[⑤]。行火必有因[⑥]，烟火必素具[⑦]。发火有时[⑧]，起火有日[⑨]。时者，天之燥也；日者，月在箕、壁、翼、轸也[⑩]。凡此四宿者，风起之日也。

注释

①火人：烧敌人的营帐，烧杀敌人士兵。火，名词作动词，烧的意思，下同。

②火积：烧毁敌人积存的粮草、兵器。

③火辎：烧毁敌人的辎重车辆。

④火库：烧毁敌人的仓库。

⑤火队：烧毁敌人运输物资粮草的路线。队，通"隧"，指敌人的运输路线。

⑥行火：放火，即发起火攻。因：条件。

⑦素：平素，日常。具：准备。

⑧发火有时：发动火攻要选择适当的时间。

⑨日：日期。

⑩箕、壁、翼、轸：星宿名。传说当月亮行至这四个星宿的时候会起风。

译文

孙子说：火攻分为五种，一是烧毁敌人的营帐，烧杀敌人的士兵；二是烧毁敌人积存的物资；三是烧毁敌人的辎重车辆；四是烧毁敌人的仓库；五是烧毁敌人运输粮草物资的路线。发起火攻必须依赖一定的条件，火攻的器材用具必须在平日里就准备好。火攻要选择适当的时间和日期。适当的时间，就是天气干燥的时候。适当的日期，就是当月亮运行到箕、壁、翼、轸这四个星宿的时候。月亮运行到这四个星宿位置的日期，是有风的日子。

凡火攻，必因五火之变而应之[①]。火发于内，则早应之于外。火发而其兵静者[②]，待而勿攻，极其火力[③]，可从而从之[④]，不可从而止。火可发于外，无待于内，以时发之[⑤]。火发上风，无攻下风。昼风久，夜风止[⑥]。凡军必知有五火之变，以数守之[⑦]。

注释

①因：根据。应之：部署兵力接应。

②静：镇静不躁动。

③极其火力：加强火势，将火的威力发挥到极致。

④可从而从之：可以进攻就进攻。从，跟从，这里是进攻、追击的意思。

⑤以时发之：在时机成熟的时候发起火攻。

⑥昼风久，夜风止：白天风刮久了，晚上很可能没有风。

⑦数：天数，这里指适合火攻的日子。守：守候，等待。

译文

凡是用火攻，必须根据五种火攻方法的不同情况而安排兵力接应。如果火是从敌人内部放的，就应该及时派兵从外部接应。如果火起之后敌人保持镇静而不慌乱，就说明敌人已有防备，这时候要静观其变不要进攻。加大火势，让火的威力发挥到极致，如果可以进攻就进攻，不可以进攻就应该停止行动。如果可以从敌人外部放火，就不必等待内应，在时机成熟的时候放火就可以了。在上风方向点火，就不要在下风方向进攻。白天风刮的时间久了，晚上很可能就没有风。用兵打仗必须要懂得这五种火攻的方法，在适当的时候使用。

故以火佐攻者明①，以水佐攻者强②。水可以绝③，不可以夺④。

注释

①佐：辅佐，辅助。明：明显，这里指火攻的效果明显。

②强：加强。这里指加强攻势。

③绝：断绝。这里指断绝敌人的粮道或进军的道路。

④夺：夺取。这里指夺取或毁坏敌人的物资积蓄。

译文

用火辅助进攻效果明显，用水辅助进攻可以加强攻势。水可以断绝敌人运输粮草或者进军的道路，但是不能夺取敌人的物资积蓄。

夫战胜攻取，而不修其功者凶[1]，命曰“费留”[2]。故曰：明主虑之[3]，良将修之。非利不动[4]，非得不用[5]，非危不战。主不可以怒而兴师，将不可以愠而致战[6]；合于利而动，不合于利而止。怒可以复喜，愠可以复悦；亡国不可以复存，死者不可以复生。故明君慎之，良将警之[7]；此安国全军之道也。

注释

①修：努力使其完美。功：功效，这里指战争的意图、目的。凶：危险。

②费留：指枉费财力、物力、人力，让军队长期在外作战。

③虑：慎重考虑。

④动：行动，指发动战争。

⑤得：得到，指获得胜利。用：用兵打仗。

⑥愠 yùn：怒，怨恨。

⑦警：警醒。

译文

获得战争的胜利，获得敌人的城池土地，但是无法达到战争的真正意图，就会有祸患，这叫作“费留”。所以说，在发动战争之前贤明的君主会深思熟虑，能征善战的将领会认真研究。没有好处就不行动，没有胜利的把握就不用兵，不是到了非战不可的时候不开战。国君不可以因为怒气而发动战争，将帅不能因为怨恨而发动战事。符合自身利益就采取行动，不符合自身利益就停止行动。愤怒可以再转为高兴，怨恨可以再转为快乐，但是国家灭亡了则不能复存，士卒阵亡也不能再生。因此面对战争，贤明的君主非常谨慎，优秀的将帅保持警醒。这才是让国家保持安定，让军队得以保全的方法。

用间篇第十三

孙子曰：凡兴师十万，出征千里，百姓之费，公家之奉，日费千金。内外骚动①，怠于道路②，不得操事者③，七十万家④。相守数年⑤，以争一日之胜，而爱爵禄百金⑥，不知敌之情者，不仁之至也，非人之将也，非主之佐也，非胜之主也。故明君贤将，所以动而胜人，成功出于众者，先知也⑦。先知者不可取于鬼神，不可象于事⑧，不可验于度⑨，必取于人，知敌之情者也。

注释

①内外骚动：指全国上下动乱不安。内外，全国上下。内，都城或朝廷内部。外，都城或朝廷之外。

②怠于道路：指因为远距离运输物资给国家造成的负担。怠，疲惫。

③操事：这里指正常耕作。

④七十万家：曹操注："古者八家为邻，一家从军，七家奉之，言十万之师举，不事耕稼者七十万家。"形容很多。

⑤守：守候。这里指僵持很久。

⑥爱：吝惜。爵禄百金：指赏赐给间谍用的爵位、俸禄和金钱。

⑦先知也：事先知道了敌情。

⑧象于事：根据以往的经验而机械模仿。象，这里指模仿。

⑨不可验于度：不能靠星象的运行来验证。

译文

孙子说：一旦发生战争，十万之众的军队开拔，奔波到千里之外和敌人交战，要耗费国家和百姓巨额财产。全国上下为此动乱不安，远距离运输军需物资给国家带来巨大负担，全国将有七十万人家因为战争而无法正常劳作。和敌人相持几年，为的只是争取一朝的胜利，如果因为吝惜爵禄和金钱而不用间谍人员，造成对敌情一无所知，这是最不仁的做法。这样的将帅不是保护百姓的将领，不是国君的得力辅佐，也无法取得战争的胜利。贤明的君主和能征善战的将帅，之所以能够超出众人，只要采取行动就能取得胜利，在于他们能够预先知道敌情。要想事先知道敌人的情况，不能靠祈求鬼神，不能靠以往的经验机械推测，也不能靠星象的运行来验证，只能靠从熟悉敌情的人那里获得情报。

故用间有五：有因间、有内间、有反间、有死间、有生间。五间俱起，莫知其道，是谓神纪[①]，人君之宝也。因间者，因其乡人而用之[②]。内间者，因其官人而用之[③]。反间者，因其敌间而用之。死间者[④]，为诳事于外[⑤]，令吾间知之，而传于敌间也。生间者，反报也[⑥]。

注释

①神纪：神妙的道理。纪，理，道理。

②因：根据现有的情况而利用。乡人：本地的人。乡，本土。

③官人：敌人将帅身边的官吏。

④死间：我方间谍以假情报给敌方间谍，敌方知道上当后必会杀死我方间谍，故称死间。

⑤诳事：虚假的事情，这里指谎报军情。诳，欺骗，迷惑。

⑥反：同“返”，返回。报：报告。

译文

所以，使用间谍的形式分五种：有因间，有内间，有反间，有死间，有生间。将帅能同时运用五种间谍，让敌人防不胜防，这是使用间谍十分神妙的道理，这样的将帅是国家的栋梁。因间，是指利用本地人做我军的间谍；内间，是指利用敌人将帅身边的官吏做我军的间谍；反间，是指利用敌人派到我军的间谍反过来做我军的间谍；死间，散布虚假情报让我军的间谍知道，然后再传达给敌人的间谍；生间，是指可以返回来报告军情的间谍。

故三军之事，莫亲于间，赏莫厚于间，事莫密于间[①]。非圣智不能用间[②]，非仁义不能使间，非微妙不能得间之实[③]。微哉！微哉！无所不用间也。间事未发，而先闻者，间与所告者皆死。

注释

①密：隐秘。

②圣：圣明。智：智慧。

③微妙：心思细腻，行事巧妙。

译文

在军队里，没有比间谍更亲信的人，没有谁得到的赏赐比间谍更丰厚，没有谁知道的事情比间谍更隐秘。只有圣明智慧的将领才知道怎么用间谍；只有仁义慷慨的人才能让间谍听从自己的指挥；只有心思细腻、做事巧妙的人才能真正发挥间谍的巨大作用。微妙啊！微妙啊！没有什么地方不能用间谍。间谍的工作还没有取得成功，却先泄露给别人知道了，那间谍和泄露秘密的人都有可能被处死。

凡军之所欲击，城之所欲攻，人之所欲杀，必先知其守将、左右[①]、谒者[②]、门者[③]、舍人之姓名[④]，令吾间必索知之[⑤]。

注释

①左右：指亲近的人。

②谒者：负责传递消息的人。谒，说明，陈述。

③门者：看守门户的人。

④舍人：服侍将帅起居的人。

⑤索：索取。这里有“刺探”意。

译文

要想攻击敌人某处的军队，要想攻打敌人某座城池，要想杀敌方某个人，必须先知道对方的守将、左右亲信、负责传达消息的人、看守门户的人和服侍将帅起居的人的姓名。这些一定让我军的间谍设法侦查清楚。

必索敌人之间来间我者[①]，因而利之[②]，导而舍之[③]，故反间可得而用也。因是而知之，故乡间、内间可得而使也；因是而知之，故死间为诳事可使告敌；因是而知之，故生间可使如期[④]。五间之事，主必知之[⑤]，知之必在于反间，故反间不可不厚也[⑥]。

注释

①索：索求，这里指查探清楚。

②利：好处。这里做动词，意思是用好处收买。

③舍：作动词，这里指安置。

④期：约定。

⑤主：主持的人，这里指带兵的将领。知之：懂得用间。之，代词，指用间。

⑥厚：优厚，厚待。

译文

必须要查探清楚敌人派到我军中的间谍，趁机收买他，妥善安置，这样反间就可以为我军所用了。根据反间提供的情况，这样就能找到合适的人做我军的乡间和内间；有反间的帮助，死间就能将虚假的情报顺利传达给敌人；有反间的帮助，生间就可以按照预先的约定返回报告军情。五种间谍的使用，作为带兵的将领是必须要知道的，懂得用间，最重要在于反间，所以反间是必须要厚加赏赐的。

昔殷之兴也[1]，伊挚在夏[2]；周之兴也[3]，吕牙在殷[4]。故惟明君贤将能以上智为间者[5]，必成大功。此兵之要[6]，三军之所恃而动也。

注释

①殷：商朝。

②伊挚：即伊尹，商朝出名的宰相，早年生活在夏朝。

③周：周朝。

④吕牙：即吕尚，又名姜尚，字子牙，常称姜子牙。

⑤上智：智慧超群、才能出众的人。

⑥要：重要，要领。

译文

从前商朝之所以能够灭掉夏朝而兴盛，是因为伊尹生活在夏朝并熟悉夏朝的情况；周之所以能够消灭商朝而兴盛，是因为姜子牙生活在商朝并熟悉商朝的情况。如果贤明的君主或能征善战的将领能够用智慧超群、才能出众的人作为间谍，一定能够取得胜利，成就丰功伟绩。这是用兵打仗的要领，所有军队都要依靠这来采取行动。